Les Actes des Apôtres

traduction nouvelle avec introduction et notes

Alfred Loisy

ALICIA ÉDITIONS

Table des matières

INTRODUCTION 7

PREMIÈRE PARTIE : LE SECOND LIVRE À THÉOPHILE

I. — L'AUTEUR DU LIVRE 11
II. — BUT ET MÉTHODE DE LUC 15
III. — RECONSTITUTION DU LIVRE 18
  I. La première communauté. 18
  II. Les croyants hellénistes. 19
  III. Les missions de Paul. 21
  IV. Le voyage de Paul à Jérusalem et sa captivité. 24
IV. — ESSAI DE CHRONOLOGIE 28

SECONDE PARTIE : LES ACTES DES APÔTRES

I. — LE RÉDACTEUR DES ACTES 33
II. — BUT ET MÉTHODE DU RÉDACTEUR 35
III. — LES PARTIS-PRIS APOLOGÉTIQUES 38
  I. L'Eglise est le royaume de l'Esprit. 38
  II. Le christianisme est le vrai judaïsme. 40
  III. Les Juifs ont repoussé le salut. 43
  IV. Pierre est le principal témoin du Christ et le principal fondateur de la tradition chrétienne. 44
  V. Jamais les autorités romaines n'ont condamné les chrétiens. 45
IV. — VALEUR DU PLAIDOYER 49

LES ACTES DES APÔTRES

Partie Un
LA PREMIÈRE COMMUNAUTÉ

LEÇONS ET ASCENSION DU RESSUSCITÉ	55
LES ONZE APÔTRES ET LE CHOIX DU DOUZIÈME	57
LA DESCENTE DE L'ESPRIT ET LE DISCOURS DE PIERRE	60
LA GUÉRISON DU PARALYTIQUE — PIERRE ET JEAN DEVANT LE SANHÉDRIN	66
L'UNION DES FRÈRES ET LA MISE EN COMMUN DE LEURS BIENS	73
ARRESTATION DES DOUZE ET LEUR COMPARUTION DEVANT LE SANHEDRIN	76

Partie Deux
LES PREMIÈRES MISSIONS

L'ÉLECTION DES SEPT — ÉTIENNE	83
DISPERSION DES CROYANTS HELLÉNISTES ET ÉVANGÉLISATION DE SAMARIE	93
L'EUNUQUE ÉTHIOPIEN	96
LA CONVERSION DE SAUL	99
MIRACLES DE PIERRE À JOPPÉ ET À LYDDA	103
CORNÉLIUS	105
LA COMMUNAUTÉ D'ANTIOCHE	112
HÉRODE AGRIPPA — ARRESTATION ET DÉLIVRANCE DE PIERRE	115

Partie Trois
MISSION DE BARNABÉ ET DE PAUL

BARNABÉ ET PAUL EN CHYPRE	121
À ANTIOCHE DE PISIDIE	124
À ICONIUM ET À LYSTRES — RETOUR	129
L'AFFAIRE DES OBSERVANCES ET L'ASSEMBLÉE DE JÉRUSALEM	133

Partie Quatre
LES MISSIONS DE PAUL

SÉPARATION DE PAUL ET DE BARNABÉ — PAUL À LYSTRES	141
PAUL À TROAS ET À PHILIPPES	143
À THESSALONIQUE ET À BÉRÉE	148
À ATHÈNES	150
À CORINTHE	153
EN SYRIE ET EN GALATIE — APOLLOS	156
PAUL À ÉPHÈSE	159

Partie Cinq
LE VOYAGE DE PAUL À JÉRUSALEM ET SA CAPTIVITÉ

PROJETS DE PAUL — L'ÉMEUTE D'ÉPHÈSE	165
PAUL EN GRÈCE ET À TROAS	168
À MILET	171
SUITE DU VOYAGE — PAUL À CÉSARÉE	174
À JÉRUSALEM	177
L'ARRESTATION	180
DEVANT LE SANHÉDRIN	186
TRANSFERT DE PAUL À CÉSARÉE	189
DEVANT FÉLIX	193
DEVANT FESTUS	197
DEVANT AGRIPPA II	199
NAVIGATION, TEMPÊTE ET NAUFRAGE	206
À MALTE	211
À ROME — DES JUIFS AUX GENTILS	213

INTRODUCTION

Le troisième évangile et les Actes des apôtres, apparemment dédiés à un certain Théophile, sont attribués par la tradition à Luc, disciple de Paul, mentionné comme tel dans les épîtres de l'Apôtre [1]. Beaucoup de critiques répudient cette attribution, la jugeant fondée seulement sur ce que certaines notes de Luc seraient entrées dans la rédaction des Actes ; du reste, l'auteur aurait exploité, tant pour les Actes que pour l'évangile, des sources nombreuses ; pour l'évangile, il aurait utilisé Marc, le recueil de sentences qui a été incorporé aussi dans Matthieu, et une ou plusieurs sources particulières, auxquelles seraient dûs tous les éléments du livre qui ne se retrouvent pas dans Marc et dans Matthieu ; pour les Actes, il aurait eu à sa disposition, outre les notes de Luc sur les missions de Paul, divers documents concernant les premières années du christianisme. Mais on peut craindre que cette conception un peu mécanique du travail rédactionnel ne soit pas tout à fait conforme à la réalité.

Les deux livres à Théophile sont pourvus de prologues qui disent leur objet et les intentions de l'auteur ; or le second de ces prologues a été visiblement altéré et surchargé dans une rédaction subséquente ; ainsi l'auteur du second livre à Théophile serait à distinguer du rédacteur des Actes. Il en va de même pour l'auteur du premier livre et le rédacteur de l'évangile attribué à Luc. Car dans la partie conservée du second prologue on lit très clairement que l'objet de l'évangile était le ministère de Jésus, actions et enseignement, jusqu'au terme de sa carrière terrestre ; ainsi la légende de la naissance miraculeuse [2] n'y aurait pas été comprise ; c'est aussi bien ce que dit le premier prologue [3], où il n'est parlé que des enseignements et des faits publics, attestés par le témoignage de ceux qui, après avoir été les disciples de Jésus, devinrent les premiers missionnaires de la foi chrétienne.

Comme, d'autre part, évangile et Actes sont, en général, conçus dans le même esprit, rédigés dans le même style, on est autorisé à penser que les deux livres à Théophile pourraient bien être de Luc, mais qu'ils auront été tous les deux remaniés à fond par un même rédacteur, auquel surtout sont dûs et le caractère de compilation qui maintenant leur appartient et la plupart des éléments mythico-légendaires qu'ils contiennent, soit qu'il ait trouvé ces éléments tout préparés dans la littérature chrétienne antérieure, soit qu'il ait eu la principale part dans leur adaptation à la légende évangélique et à la légende apostolique.

Nous ne nous occupons ici que de la légende apostolique, et nous avons à dire comment il semble qu'elle ait été présentée dans le second livre à Théophile, puis mutilée, altérée, amplifiée dans la rédaction des Actes [4].

---

1. *Colossiens*, IV, 14 ; *Philémon*, 24 ; aussi *II Timothée*, IV, 11.
2. *Luc*, I-II.
3. *Luc*, I, 1-4.
4. Pour discussion plus complète des écrits dits de Luc, le lecteur peut se reporter à nos commentaires : *L'Evangile selon Luc*, Paris, 1924 ; *Les Actes des apôtres*, Paris, 1920. Pour l'histoire de la critique et l'examen des diverses hypothèses qui ont été proposées pour expliquer l'origine et la composition des deux livres, on peut consulter Maurice Goguel, *Introduction au Nouveau Testament*, t. I. *Les Evangiles synoptiques*, Paris, 1923 ; t. III. *Le livre des Actes*, Paris, 1922.

PREMIÈRE PARTIE : LE SECOND LIVRE À THÉOPHILE

I. — L'AUTEUR DU LIVRE

Rien n'empêche de considérer comme fondée l'attribution traditionnelle des deux livres à Théophile. L'auteur qui dit « je » dans les deux prologues ne pourrait être censé différent de celui qui dit « nous » dans la relation des voyages de Paul, que si des raisons sérieuses obligeaient à les distinguer ; or toutes ces raisons, tombent dès qu'on cesse d'attribuer la rédaction des Actes à l'auteur des prologues ; et comme, d'autre part, le compagnon de Paul qui dit « nous » ne peut guère être que Luc, « le cher médecin », mentionné dans l'épître aux Colossiens, l'attribution des deux livres à celui-ci, ne comportant aucune difficulté critique, doit être maintenue.

Le prologue de l'évangile, intégralement conservé, se trouve contenir les seuls renseignements sûrs et clairs dont nous disposions touchant l'objet de l'œuvre, les intentions de l'écrivain, sa méthode, ses sources d'information, même le temps où il écrit. Le terme de l'histoire qu'il se proposait de raconter était marqué expressément dans la partie du prologue des Actes qui a été supprimée, et l'on ne peut que le conjecturer ; la partie de ce prologue qui a été retenue par le rédacteur montre que cette histoire commençait, comme l'évangile de Marc et celui de Jean, avec le ministère évangélique de Jésus. Quant à la personne de l'auteur, elle devait être nommée dans le titre primitif, que l'on peut supposer avoir été libellé comme il suit : « Les deux livres de Luc (Antiochien ?) à Théophile » ; et de là procéderait la tradition ecclésiastique touchant l'origine du troisième évangile et des Actes.

Luc a joué de malheur. Vers la fin d'une existence assez mouvementée, cet homme, le plus éclairé probablement et le plus sage de ceux dont le Nouveau Testament renferme les écrits, la figure la plus sympathique, après Barnabé, du christianisme primitif, avait mis tous ses soins à composer une légende religieuse qui était vraie et sincère autant que peut l'être une légende religieuse, et cette légende a été gravement altérée en ses deux parties. Autant qu'on en peut juger par les débris de son œuvre, Luc était un esprit cultivé, un écrivain suffisamment expert et consciencieux. Part faite à ce qu'il y a de convenu dans le langage de son premier prologue, on peut l'en croire quand il déclare avoir fait des recherches exactes touchant l'histoire qu'il raconte, et voulu dire avec suite le résultat de ses recherches.

Si son évangile, autant que nous en pouvons juger, reproduisait, comme les autres, la légende cultuelle du Seigneur Christ plutôt qu'une relation de la carrière évangélique de Jésus, c'est que la tradition apostolique ne lui avait pas fourni autre chose ; il a présenté à Théophile, comme des « faits accomplis », les premières acquisitions, on peut dire les premières visions de la foi touchant son héros crucifié, l'action personnelle de Jésus ayant déclenché la foi, mais ce commencement n'ayant jamais été raconté indépendamment de la foi qu'il avait suscitée.

Luc n'avait pas été, « depuis le commencement », témoin de l'histoire par lui racontée ; car il n'avait assisté ni à la prédication de Jésus ni à la fondation de la première communauté ; il n'avait pu que s'informer auprès de ceux qui avaient été dès l'abord « témoins oculaires et ministres de la parole » évangélique. Mais, à partir d'une certaine époque, il avait été aussi témoin oculaire des choses qu'il avait à dire et il avait participé activement à l'œuvre de l'évangélisation. Sans doute avait-il assisté aux merveilleux débuts de la communauté d'Antioche, et de là vient qu'il est si exact sur ce point, et spécialement sur le rôle de Barnabé ; il avait donc vu, en un certain sens, naître le christianisme, l'Église recrutée parmi les Gentils.

Bien qu'il ne ressemblât guère à Paul, et peut-être parce qu'il ne lui ressemblait pas, la nature puissante et enthousiaste de Paul l'avait séduit, puisqu'il s'attacha finalement à lui de préférence à Barnabé, que pourtant il n'estimait pas moins, et avec lequel son propre caractère aurait eu, semble-t-il, plus d'affinités. Sa culture et son genre d'esprit s'accordent avec sa profession de médecin. L'intelligence est certainement plus positive, l'imagination moins ardente, le jugement plus rassis que chez Paul ; le caractère devait être aussi plus égal, et, si l'homme était moins grand, il devait être aussi plus équilibré. On peut croire qu'il ne se faisait pas trop d'illusion sur les défauts de l'Apôtre, et qu'il l'a aimé pour ses qualités.

Il avait dû quitter Antioche avec Paul, en compagnie de Silas, quand Paul, s'étant séparé de Barnabé, se lança, un peu au hasard, à la conquête de l'Asie Mineure ; sûrement, il était avec lui quand, à Troas, l'Apôtre résolut cette mission de Macédoine, qui devait être le premier de ses grands succès ; il était avec lui à Philippes et fut reçu chez la bonne Lydia. Il demeura, semble-t-il, à Philippes, lorsque Paul fut obligé de quitter cette ville ; mais on ne saurait dire combien de temps il y resta. Il ne fut pas avec Paul à Thessalonique, ni à Athènes, ni durant le premier séjour de l'Apôtre à Corinthe, ni à Éphèse. C'est au cours des événements qui ont suivi la mission d'Éphèse, voyages de Paul occasionnés par les affaires de Corinthe et le rassemblement de la collecte pour les saints de la communauté-mère, qu'il a rejoint son maître afin de l'accompagner jusqu'à Jérusalem. Il était chez Philippe à Césarée quand les filles de cet évangéliste dénoncèrent prophétiquement à Paul le danger qu'il allait courir dans la Ville sainte ; à Jérusalem, il logea chez Mnason ; et il était chez Jacques quand les anciens reçurent Paul et la délégation des communautés helléniques. Sans doute se rendit-il à Césarée lorsque Paul y eut été conduit, et peut-être y resta-t-il tout le temps que l'Apôtre y fut retenu ; du moins était-il là lorsque le procurateur Festus instruisit le procès et que Paul fit son appel à César. Il s'embarqua avec lui et le suivit jusqu'à Rome. Il était auprès de Paul quand celui-ci écrivit aux Colossiens et à Philémon ; mais il devait être absent lorsque fut écrite l'épître aux Philippiens ; peut-être n'assistait-il pas à la conclusion du procès, à la condamnation de l'Apôtre par le tribunal de Néron.

C'est à Rome, pourtant, probablement, qu'il composa son grand ouvrage et le dédia à un personnage important, Théophile, dont on ne sait rien que le nom. Il se pourrait que Théophile n'ait pas été un converti, mais un de ces demi-chrétiens, assez nombreux dans les premiers siècles, qui témoignaient au christianisme un intérêt bien veillant, sans pour cela recevoir le baptême [1]. Luc alors n'était plus jeune ; car ses prologues, surtout le premier, laissent entrevoir dans un certain recul les faits qu'il s'agit de raconter. Les premiers témoins de cette histoire, les apôtres de la première génération, n'existent plus, et il reste seulement les témoins de la seconde génération, ceux qui ont été, comme Luc lui-même, les disciples des premiers apôtres ; déjà plusieurs ont écrit sur la matière que Luc va traiter. Tous ces indices nous mènent assez loin du règne de Néron, et l'on ne court pas grand risque de se tromper en plaçant la composition des « livres à Théophile » vers l'an 80.

On était dans une période de paix. Le judaïsme fanatique était provisoirement vaincu ; la propagande chrétienne ne s'était pas compromise avec lui et en était dégagée ; la secte commençait à faire des recrues ailleurs que dans les bas-fonds de la ville impériale. Un ouvrage sérieux, dont la forme ne choquerait pas le goût des personnes instruites, et où l'on dirait comment s'était constitué le christianisme, pouvait avoir son utilité. Il fut donc écrit, et si bien conçu, que le christianisme moyen, une cinquantaine d'années plus tard, se trouva incapable d'en comprendre le mérite, et ne crut pouvoir mieux faire que de le refondre, pour l'adapter à sa médiocrité.

---

1. Sur les demi-chrétiens, voir Guignebert, *Les demi-chrétiens et leur place dans l'Église antique* ; *Revue de l'histoire des religions*, juillet-oct. 1923.

II. — BUT ET MÉTHODE DE LUC

Théophile souhaitait être renseigné sur ce qui était alors le passé chrétien, ce que Luc lui-même, dans son premier prologue, appelle « les choses accomplies parmi nous ». Par là l'auteur ne semble pas entendre seulement la carrière de Jésus, qui ne remplit pas cette désignation des « choses accomplies parmi » les chrétiens, mais le mouvement chrétien depuis Jésus jusqu'à un point culminant de sa propagation, qui ne peut être que la constitution définitive de la communauté romaine, à laquelle appartient maintenant l'auteur, et que connaît bien, si toutefois il n'en est membre, le principal destinataire de son ouvrage. Le prologue de l'évangile est donc la préface de l'ouvrage entier ; et si cet ouvrage commençait avec le ministère de Jésus, vraisemblablement il se terminait à la mort de Paul, ou plutôt à celle de Pierre dans la persécution de Néron. Le baptême sanglant de la communauté romaine était, dans la perspective, la dernière « chose accomplie » sur laquelle se portait le regard de l'historien chrétien.

Luc dit que « plusieurs » (il ne faut pas traduire ce « plusieurs » par « nombreux ») avaient abordé avant lui le même sujet ; mais on peut être certain que pas un d'entre eux ne l'avait traité comme lui ; et c'est précisément pour cela, parce qu'aucun des ouvrages existants ne répondait au besoin de Théophile et de ses pareils, qu'il se décidait à écrire. Si l'on juge de cette littérature par Marc et les sources que l'on peut entrevoir à la base des évangiles synoptiques, ce n'étaient pas des livres mais des laisses d'anecdotes et de sentences. On ne saurait dire en quelle mesure Luc s'est rendu compte que ces écrits n'étaient pas de même valeur et que tout ce qu'ils racontaient n'était pas également garanti. Toujours est-il que sa sévérité à cet égard, bien que relative, lui a nui ; car la sobriété, la bonne tenue, l'honnêteté de son récit sont la raison même pour laquelle on s'est empressé de le mutiler et de l'amplifier. L'histoire de l'institution chrétienne, comme il la comprenait, n'existait pas encore quand il s'est mis en tête de la composer, et après lui la tradition chrétienne n'a pas su la conserver.

Son intention est, en effet, d'écrire une histoire. Il n'écrit pas pour démontrer la vérité d'une thèse ou d'un dogme, ni même, en un sens, pour prouver quoi que ce soit ; il veut que Théophile « connaisse le vrai sur les choses », faits et doctrine du christianisme, « dont il a été informé », qu'il sache comment tout cela s'est réellement produit. Et certes, c'est chose significative que ce compagnon de Paul ait pu décrire le dernier repas du Christ, sans y faire, semble-t-il, la moindre place à l'interprétation de Paul par laquelle a été contaminée la rédaction de Marc et ultérieurement celle de Luc lui-même. Son prologue n'est que le programma d'un historien sérieux de son époque, et il s'est efforcé de le suivre autant qu'il était possible à un homme de foi dans les conditions de milieu et de temps où il a vécu. À en juger par les fragments qui ont subsisté, sa relation de l'histoire apostolique était quelque chose de très supérieur aux élucubrations que le rédacteur des Actes nous a léguées sous son nom ; il est bien probable que, s'il nous était donné de la lire, quelques-uns au moins des plus graves problèmes soulevés par la critique à propos des premières origines du christianisme n'existeraient pas. Même son histoire évangélique devait l'emporter de beaucoup sur le livre actuel, parce qu'elle ignorait maintes fictions qui ont trouvé place dans celui-ci.

Lui-même nous a dit sa méthode et ses sources. Il avait souci de l'information directe. Il a connu des témoins de l'histoire évangélique et des agents de l'histoire apostolique ; il les a interrogés ; il a des souvenirs personnels très précis pour une partie notable de l'histoire apostolique, et il les utilise. S'il n'insiste pas sur le parti qu'il a pu tirer des écrits antérieurs, ce n'est pas pour dissimuler l'usage qu'il en fait ; ce doit être parce qu'il les suppose, à tort ou à raison, fondés sur le témoignage direct dont il s'est servi pour les contrôler. Bien que ses témoins aient été des enthousiastes et qu'il n'ait pas été lui-même un critique de sa propre foi, son amour du vrai, la droiture de son jugement, un certain sens du réel l'avaient mis à même de construire une œuvre dont la solidité, la sincérité, l'impartialité sont attestées par le soin même qu'on a pris de nous en dérober les meilleures parties.

III. — RECONSTITUTION DU LIVRE

I. La première communauté.

Le premier livre de Luc se terminait à la mort de Jésus. La finale en a été remaniée aussi profondément que le début des Actes, et, à ce qu'il semble, par le même rédacteur, qui doit être aussi bien l'auteur de l'édition canonique du troisième évangile, comme il l'est de celle des Actes. Luc s'arrêtait peut-être à la découverte du tombeau vide, admise sur la foi de notre second évangile, mais plutôt encore, avec le document fondamental de Marc, au dernier soupir de Jésus et au témoignage du centurion [1] ; l'escamotage [2] de la tradition relative aux apparitions galiléennes du Christ ressuscité provient sûrement de la dernière rédaction. Le second livre à Théophile commençait par un récit sommaire des apparitions ; l'objet du livre était annoncé dans la seconde partie du prologue, qu'a supprimée le rédacteur ; Luc y disait son intention de décrire l'œuvre apostolique, fondée sur la foi en Jésus ressuscité, jusqu'au terme de la carrière de Paul, ou bien de Paul et de Pierre.

Ses récits de la résurrection nous seraient précieux à connaître ; mais à peine ose-t-on les restituer par conjecture. Selon toute vraisemblance, Luc reconduisait les disciples en Galilée, conformément à la tradition primitive qu'attestent les deux premiers évangiles et aussi, à sa manière, le dernier chapitre de Jean. La preuve en est dans la transposition, apparemment volontaire, que le rédacteur a faite de la pêche miraculeuse dans le récit évangélique de la vocation de Pierre [3]. Le rédacteur avait trouvé cette anecdote à sa vraie place, dans les récits de la résurrection. Elle était liée à l'apparition du Christ à Pierre, et cette apparition était suivie d'une autre, à tous les disciples, où ceux-ci étaient censés avoir reçu l'ordre de retourner à Jérusalem pour y attendre l'avènement du Maître ressuscité. Les récits actuels paraissent avoir été conçus, en regard de ces indications, pour les effacer en les remplaçant par l'ordre de rester à Jérusalem et d'y attendre le saint Esprit, c'est-à-dire aussi bien par la fiction des apparitions continuées pendant quarante jours, le récit de l'ascension visible, et le miracle de la pentecôte. Luc disait le retour des disciples à Jérusalem, où le petit groupe avait commencé par vivre intimement de sa foi sans exercer de propagande : les croyants rompaient fraternellement le pain dans leurs demeures et ils passaient les jours dans le temple à prier, attendant la manifestation de leur Messie. La guérison d'un paralytique, opérée par Pierre au nom de Jésus, attira l'attention sur eux et leur valut une admonestation des autorités du temple. Mais le mouvement était donné : à partir de ce moment la nouvelle foi fait des recrues dans la ville, bien que sans éclat de prédication publique.

II. Les croyants hellénistes.

Au bout d'un certain temps, la secte devient assez nombreuse, et les croyants hellénistes, c'est-à-dire ceux qui avaient été recrutés parmi les Juifs parlant grec, s'organisent à part du groupe des Hébreux, c'est-à-dire parlant araméen, formé d'anciens disciples de Jésus et de quelques recrues hiérosolymitaines. Le groupe hébreu semble avoir été présidé par un comité de douze anciens disciples, dont Pierre était le principal ; le groupe de langue grecque fut présidé par un comité de sept membres, dont le chef était Étienne (Stéphanos). Cet Étienne paraît avoir été le premier qui osa porter l'Évangile dans les synagogues, au moins dans celles qu'avaient à Jérusalem les Juifs parlant grec, et il y eut du succès. Mais il enseignait que le Christ, en son avènement, abrogerait la Loi de Moïse et détruirait le temple avec son régime de culte ; il fut arrêté, conduit devant le sanhédrin et condamné à mourir par lapidation. L'attitude énergique des autorités juives obligea le groupe helléniste à se disperser, et plus jamais groupe semblable ne put se reconstituer à Jérusalem. Le résultat fut que la nouvelle foi se propagea tout de suite en dehors de la Judée et se constitua bientôt en dehors du judaïsme.

Il est possible que Luc donnât, sur la dispersion des hellénistes et leur activité, certains détails qui auront été supprimés dans la rédaction des Actes. On peut au moins conjecturer qu'il nommait Alexandrie parmi les pays qu'avait touchés d'abord la propagande nouvelle. Il s'étendait sur les origines de la communauté d'Antioche, la ville où le nom de « chrétien » avait été pour la première fois employé. Les hellénistes dispersés étaient venus en Phénicie, à Chypre, à Antioche, et ils ne s'étaient encore adressés qu'aux Juifs ; mais, à Antioche, quelques-uns d'entre eux, qui étaient de Chypre et de Cyrène, se risquèrent à parler aux païens et à leur promettre le salut par la foi au Christ, sans leur imposer les observances de la Loi. Ils eurent un succès considérable, et bientôt une communauté florissante fut formée, à la tête de laquelle se trouvèrent un certain nombre de prophètes et de docteurs : Joseph dit Barnabé (Barnabas), lévite de Chypre ; Siméon dit le Noir ; Lucius de Cyrène ; — Barnabé et Lucius étaient certainement de ceux qui avaient apporté l'Evangile à Antioche ; — Manahem, qui avait été familier du tétrarque Hérode Antipas, et Saul dit Paul (Paulos), que Dieu avait appelé à la foi tandis qu'il persécutait la communauté de Damas.

C'est peut-être seulement à propos d'Antioche que Luc, pour la première fois, parlait des dons de l'Esprit. Du moins a-t-il dit comment, dans une réunion de la communauté, l'Esprit, par la bouche d'un des prophètes, avait prescrit que Barnabé et Paul fussent désormais affectés ensemble et régulièrement à l'œuvre de propagande. En vertu de cette mission, Barnabé et Paul avaient exercé un ministère des plus fructueux à Antioche même, dans d'autres villes de Syrie et en Cilicie, fondant des communautés en majorité composées de païens, et ne parlant pas plus à ceux-ci d'observances légales et de circoncision que Barnabé lui-même n'en avait parlé aux premiers convertis d'Antioche.

Il advint alors que certains croyants, arrivés de Jérusalem à Antioche, protestèrent contre cette conduite, alléguant que l'observation de la Loi de Moïse et la circoncision étaient indispensables pour le salut. Barnabé et Paul leur opposèrent une vive résistance, et comme l'agitation ne cessait pas, il fut décidé que les deux apôtres iraient à Jérusalem s'entendre sur ce sujet avec les chefs de la communauté-mère. L'affaire fut examinée entre eux et les anciens apôtres, et ceux-ci désavouèrent les agitateurs. Ils déléguèrent deux membres de leur communauté, Judas dit Barsabbas et Silas, qui se rendirent à Antioche en compagnie de Barnabé et de Paul, avec une lettre ou les apôtres de Jérusalem rassuraient les frères de Syrie et de Cilicie, en blâmant ceux qui les avaient inquiétés, et protestant ne rien exiger des Gentils en matière d'observances juives, mais (probablement) en les engageant à concourir par des cotisations volontaires à l'entretien de la première communauté, qui subsistait assez péniblement dans la capitale du judaïsme. Judas et Silas revinrent ensuite à Jérusalem, Barnabé et Paul continuant encore pendant quelque temps à Antioche leur ministère commun.

Mais bientôt le roi Agrippa voulut sévir contre les chefs de la communauté de Jérusalem. Il fit condamner et exécuter les apôtres Jacques et Jean ; Pierre aurait subi le même sort, s'il n'avait réussi à s'échapper. Fuyant aussitôt Jérusalem, il vint à Antioche, où il vécut dans la communauté ; mais, peu après, quelques frères envoyés par Jacques, « frère du Seigneur », qui était demeuré à la tête de la communauté de Jérusalem, lui firent scrupule de manger avec des incirconcis, et il ne voulut plus rompre le pain qu'avec les circoncis, qui, pour les assemblées, se séparèrent avec lui des autres croyants ; Barnabé les suivit, mais Paul résista. — La notice de Luc touchant la venue de Pierre à Antioche et son conflit avec Paul a été supprimée dans la rédaction des Actes ; ce que l'on vient d'en dire est garanti par Paul [4] avec lequel Luc devait s'accorder en substance. —

C'est en suite de cette dispute que Paul et Barnabé se séparèrent. Tandis que Barnabé, accompagné de Jean Marc, son parent [5], se rendait en son pays de Chypre, Paul, accompagné de Silas, qui était revenu à Antioche, fuyant aussi, à ce qu'il semble, la persécution d'Agrippa, résolut d'aller prêcher en des lieux où l'Évangile n'avait pas été porté encore, et il passa de Tarse en Lycaonie. Il est permis de conjecturer que Luc, à propos du départ d'Antioche, disait s'être adjoint pour cette mission à Paul, qui désormais se comporte en apôtre indépendant.

III. Les missions de Paul.

Paul prêcha d'abord à Derbé, puis à Lystres, où il s'associa à Timothée ; il était allé ensuite à Iconium, où il recruta de nombreux fidèles ; mais une vive agitation ne tarda pas à se produire, d'où résulta au bout de quelque temps une émeute populaire. Paul, lapidé, traîné hors de la ville, est laissé pour mort revenu à lui par les soins de ses disciples, il se transporte à Antioche de Pisidie. Là il prêche d'abord dans la synagogue, puis ailleurs, aux païens seuls, quand les Juifs du lieu ne veulent plus le supporter dans la synagogue ; bientôt les intrigues des Juifs déterminent les magistrats à faire bannir du territoire les missionnaires de l'Évangile, et Paul cherche ensuite longtemps avant de trouver un terrain adapté à sa propagande. Son intention aurait été de passer en Asie proconsulaire et de prêcher dans les villes de la côte, mais « l'Esprit l'en empêcha », c'est-à-dire, qu'une vision ou un songe, en rapport avec des difficultés réelles, a fait juger la chose impossible ; l'Apôtre se tourne alors vers la Phrygie et la Galatie, où il fonde quelques communautés ; il essaie ensuite de pénétrer en Bithynie, mais « l'Esprit de Jésus ne le permet pas » ; il s'empresse, à travers la Mysie, où il ne s'arrête pas, de gagner Troas ; là un songe, provoqué sans doute par quelques indices ou informations favorables, l'engage à s'embarquer pour la Macédoine.

L'Apôtre et sa suite, dans laquelle apparaît Luc, se rendent de Troas à Néapolis, puis à Philippes. Sur ce terrain nouveau, les missionnaires sont un peu déconcertés ; au premier sabbat, ils vont du côté de la rivière voisine, où ils supposent que doit être une *proseuché* (lieu de prière) pour les quelques Juifs et adorateurs de Dieu que sans doute il y a dans la ville ; ils trouvent en effet la proseuché, mais ils y rencontrent seulement quelques femmes, avec lesquelles ils engagent conversation. « Le Seigneur ouvre le cœur » d'une adoratrice, Lydia, riche marchande de pourpre, qui, une fois baptisée, veut prendre les missionnaires chez elle et se charge de leur entretien. La propagande devient ainsi active et fructueuse ; mais là, comme à Iconium, elle se trouve, au bout d'un certain temps, compromise par son succès même. La population s'impatiente contre cette invasion du judaïsme ; une petite émeute se produit ; des gens s'emparent de Paul et de Silas et les mènent aux préteurs de la ville, disant que ces étrangers leur prêchent un culte et des règles incompatibles avec leur qualité de Romains ; les magistrats font battre de verges Paul et Silas, et on les met en prison. Sur intervention de personnes amies et moyennant caution, les deux missionnaires recouvrent bientôt leur liberté, mais à condition de s'éloigner sans délai.

Ils viennent à Thessalonique, où il y avait une synagogue, et Paul y prêche, pour commencer, durant trois sabbats. Il reste dans cette ville plusieurs mois, travaillant de ses mains et recevant quelques secours que lui envoient les fidèles de Philippes. — Luc devait donner sur la fondation de la communauté, nombreuse et recrutée surtout parmi les païens adorateurs, ancienne clientèle de la synagogue, certains détails précis qu'il est impossible de suppléer par conjecture. — De Thessalonique l'Apôtre se rend à Bérée, où il trouve bon accueil auprès des Juifs et

III. — RECONSTITUTION DU LIVRE

demeure quelque temps. Bientôt il se décide à partir pour Athènes, et, laissant Silas à Bérée, il vient à Athènes avec Timothée. Il s'y consume en efforts inutiles ; des nouvelles reçue de Thessalonique lui font envoyer Timothée dans cette ville ; il lui donne rendez-vous à Corinthe, le chargeant de ramener avec lui Silas. Il n'avait pu gagner à Athènes que très peu de personnes, desquelles on cite un certain Denys, aéropagite, et une femme appelée Damaris.

Arrivé seul à Corinthe, Paul, ayant rencontré Aquila, juif du Pont, antérieurement gagné à la foi du Christ ainsi que sa femme Prisca ou Priscilla, s'installe chez eux, parce que ces gens étaient faiseurs de tentes, comme lui-même l'était de son métier. Il reste avec eux, travaillant pour gagner sa vie, jusqu'à l'arrivée de Silas et de Timothée. Ceux-ci, lui ayant apporté un secours fourni par les communautés de Macédoine, il s'adonne à la prédication et prend logis près de la synagogue chez un adorateur appelé Titius Justus. Il enseigne quelque temps dans la synagogue et fait de nombreuses conversions, entre autres celle de Crispus, le chef de la synagogue. Des difficultés surviennent, mais Paul est encouragé en songe par le Christ à rester à Corinthe. — Les difficultés antérieures à cette vision et le détail de ce que Paul fit ensuite ont été supprimés dans la rédaction. — L'Apôtre enseigna à Corinthe pendant dix-huit mois.

Au bout de ce temps, il s'embarqua pour Éphèse avec Aquila et Priscilla, mais il les laissa aussitôt dans cette ville, parce qu'il voulait revoir les communautés qu'il avait fondées en Phrygie et en Galatie. Pendant qu'il était dans ces contrées, arriva à Éphèse un disciple originaire d'Alexandrie, nommé Apollos, homme instruit, éloquent et versé dans les Écritures, qui se fit écouter dans la synagogue. Comme il voulut bientôt passer à Corinthe, Aquila et Priscilla lui donnèrent une lettre de recommandation pour la communauté. À Corinthe, il brilla autant qu'à Éphèse et il acquit un grand crédit auprès des fidèles. Cependant Paul revient à Éphèse, et trois mois durant il prêche dans la synagogue ; mais une opposition se déclare ; les Juifs blasphément la foi qu'il annonce ; alors il s'organise tout à fait en dehors de la synagogue, que lui et les fidèles s'abstiennent désormais de fréquenter ; il loue la salle d'un certain Tyrannus, et il y enseigne tous les jours pendant deux années. Les résultats particuliers de ce ministère, tant pour Éphèse que pour d'autres villes de la province, et les difficultés rencontrées par Paul ont été éliminés par le rédacteur.

IV. Le voyage de Paul à Jérusalem et sa captivité.

Ayant ainsi enseigné plus de deux ans à Éphèse, Paul conçut le projet de se rendre à Rome, quand il serait allé à Jérusalem porter les collectes qu'il voulait recueillir préalablement dans les communautés de Macédoine et d'Achaïe. À cet effet, il envoya deux de ses auxiliaires, Timothée et Érastus. — Ce qui advint ensuite, rapport de Timothée sur la situation de la communauté corinthienne, divisée en partie par suite de la prédication d'Apollos, en partie à cause de bruits répandus contre l'autorité apostolique de Paul en raison de sa dissidence à l'égard des autres missionnaires chrétiens, voyage de Paul à Corinthe et son départ précipité, mission conciliatrice de Titus, arrivée de Paul en Macédoine après un court séjour à Troas, sa rentrée à Corinthe, tout a été effacé dans la rédaction des Actes. — Étant demeuré finalement trois mois à Corinthe, Paul s'embarqua à Kenchrées pour gagner d'abord la Macédoine : il s'était coupé les cheveux en partant, pour son vœu de pèlerin, qu'il se proposait d'accomplir à Jérusalem. Il visita successivement les communautés de Macédoine, prenant avec lui les délégués porteurs de la collecte ; il passa la semaine des azymes à Philippes et rejoignit à Troas les porteurs de la collecte, qui l'y avaient précédé ; il vint ensuite à pied de Troas à Assos, pendant que toute sa société y allait par mer ; puis Paul et les siens vont par mer, à petites journées, le long de la côte d'Asie, jusqu'à Patara ; de là un navire en partance pour la Phénicie les transporte à Tyr, puis à Ptolémaïs, d'où Paul vient par terre à Césarée.

Là, toute la compagnie apostolique est reçue chez Philippe. L'ancien compagnon d'Étienne avait quatre filles vierges, qui possédaient le don de prophétie ; elles dirent à Paul qu'il lui arriverait malheur à Jérusalem, et tout le monde, tant les compagnons de Paul que les fidèles du lieu, le suppliaient de n'y point aller ; mais Paul déclara qu'il ne renoncerait pas à son projet, dût-il mourir dans la ville sainte. On s'abandonna donc à la volonté de Dieu. Quelques fidèles de Césarée se joignirent à la troupe pour aller à Jérusalem, et ils la conduisirent chez un ancien disciple appelé Mnason, qui était de Chypre. Le lendemain, Paul et les siens étaient chez Jacques et remettaient la collecte aux anciens de Jérusalem.

Ceux-ci, après avoir entendu Paul et reçu l'offrande de ses communautés, ne lui dissimulèrent pas le danger qu'il courait de la part des Juifs, aux yeux desquels il n'était qu'un prédicateur d'apostasie, et, afin qu'il fût moins remarqué, ils l'engagèrent à se mettre, pour l'accomplissement de son vœu, avec quatre nazirs de la communauté, qui atten-

III. — RECONSTITUTION DU LIVRE

daient qu'une âme charitable fît les frais de leurs sacrifices. Paul suit le conseil, se rend au temple avec ces hommes, et jour est pris pour la libération du vœu ; mais, ce jour-là, des Juifs d'Asie, qui l'avaient rencontré en ville avec Trophimus d'Éphèse, le voyant dans le saint lieu, crient à la profanation, croyant ou feignant de croire qu'il a introduit un incirconcis dans les parvis réservés. Les gens se précipitent, on traîne Paul hors de l'enceinte sacrée, dont les prêtres font fermer les portes. Paul aurait été tué par la foule si le tribun de la cohorte qui était casernée dans la tour Antonia n'avait été aussitôt averti de l'attroupement et de l'agitation qui s'étaient produits. Le tribun accourt, se saisit de Paul, le fait charger de chaînes et demande de quoi il s'agit. Comme il ne peut, dans le tumulte, rien entendre de consistant, il fait conduire le prisonnier dans la forteresse et ordonne de le mettre à la question : Paul alors déclare sa qualité de citoyen romain, et le tribun fait enlever ses chaînes.

Cependant l'autorité juive, informée de ce qui s'est passé, s'empresse de réclamer que le prisonnier lui soit livré. Paul, qui a été réconforté par une vision, et qui voit dans son titre de citoyen le seul moyen de salut qui lui reste, fait valoir son droit d'être jugé par l'autorité romaine ; en conséquence de cette réclamation légitime, le tribun expédie son prisonnier à Césarée, renvoyant également les accusateurs de Paul devant le procurateur Félix. Paul voyage de nuit, avec une escorte de cavalerie ; on fait halte à Antipatris, et, dans la journée du lendemain, il est remis au procurateur, qui, après un interrogatoire d'identité, le fait enfermer au prétoire d'Hérode en attendant que le sanhédrin ait présenté sa requête. Quand cette requête est apportée, Félix, qui sait à quoi s'en tenir sur sa signification, connaissant l'existence et le caractère de la secte chrétienne, ajourne sa réponse et retient Paul, tout en lui laissant la faculté de voir ses amis et de recevoir leurs soins. C'est ainsi que l'Apôtre est resté deux ans captif à Césarée.

Félix ayant été remplacé alors par Porcius Festus, le sanhédrin réclame aussitôt du nouveau procurateur la solution de la requête qu'il avait portée devant son prédécesseur. Festus, en sa résidence de Césarée, reçoit à son tribunal la délégation des autorités juives, et, la cause entendue, se déclare incompétent, renvoyant l'affaire au jugement du sanhédrin. Sur quoi Paul, usant de son droit d'appel, invoque la juridiction de l'empereur, et demande, en tant que citoyen romain, à être jugé par César. L'appel, formulé dans les conditions légales, est reçu. Quelques jours après, Paul est remis, avec d'autres prisonniers, à un centurion nommé Julius, de la cohorte Augusta, pour être conduit en Italie.

On part sur un navire d'Adramytte, qui faisait voile vers la côte d'Asie. Luc était avec Paul, et aussi Aristarque de Thessalonique. On est le lendemain à Sidon, où Julius permet à Paul de voir les frères de l'endroit. Après une navigation déjà pénible, on arrive à Myre en Lycie. Là, le centurion transborde son monde sur un navire alexandrin en partance pour l'Italie. La navigation se faisant de plus en plus difficile, on parvient à grand-peine au lieu dit Bon-Port, près de Lasaia, sur la côte méridionale de Crète. Le lieu n'étant pas propre pour l'hivernage, on essaie de gagner Phénix ; mais, pendant qu'on exécute ce mouvement, une tempête survient, qui emporte le navire à la dérive. Durant plusieurs jours la tempête sévit ; dans la quatorzième nuit, on pressent l'approche de terre, on jette les ancres et, le jour venu, on se dirige vers le rivage, mais on échoue sur un banc de sable, à distance du bord ; force est de se sauver à la nage ou sur des radeaux improvisés. Les naufragés se trouvaient dans l'île de Malte. Ils sont accueillis humainement par les habitants ; hébergés, trois jours durant, par le chef de l'île nommé Publius, dans un domaine qu'il avait près de là ; et ils sont obligés de rester trois mois à Malte, en attendant que la saison redevienne propice à la navigation. Julius et ses prisonniers partent alors sur un autre navire alexandrin, à l'enseigne des Dioscures ; on s'arrête trois jours à Syracuse ; on est un jour à Rhegium ; de là, en une journée de navigation, on est à Pouzzoles, terme de cette périlleuse traversée ; bientôt l'on était à Rome.

Il fut permis à Paul de prendre un logement particulier et d'y rester sous la garde permanente d'un soldat. Il demeura ainsi deux ans, recevant ceux qui venaient le voir et leur enseignant le Christ. — Le rédacteur a coupé en cet endroit la relation de Luc. Il ne paraît pas douteux que Luc disait l'issue du procès. Il paraît également certain que cette issue a été la condamnation et l'exécution de l'Apôtre. Mais à quelle date et dans quelles circonstances, on ne peut que le conjecturer. Luc disait probablement quelque chose des rapports de Paul avec la communauté romaine, qui existait avant lui et qui subsistait à côté de lui. Peut-être aussi mentionnait-il la venue de Pierre et son martyre dans la persécution de Néron. Ce point demeure incertain, parce qu'on ignore combien de temps s'est écoulé entre la mort de Paul et cette persécution, et que même il n'est pas tout à fait sûr qu'il y ait eu un intervalle.

III. — RECONSTITUTION DU LIVRE

1. *Luc*, XXIII, 46-47 ; *Marc*, XV, 37-39.
2. Sensible dans *Luc*, XXIV, 6 ; comparer *Marc*, XVI, 7.
3. *Luc*, V, 1-11.
4. *Galates*, II, 11-14.
5. *Colossiens*, IV, 10.

IV. — ESSAI DE CHRONOLOGIE

En supprimant la conclusion du second livre à Théophile, le rédacteur aura éliminé sans doute la donnée chronologique essentielle d'après laquelle on aurait pu reconstituer le cadre de la carrière de Paul et celui de l'histoire apostolique. Les synchronismes artificiels qu'il a semés ailleurs ne suppléent point à cette lacune. L'entrée de Festus en ses fonctions de procurateur fournirait un point de repère, mais la date n'en est pas connue avec certitude. On ne saurait donc reconstruire avec les débris du second livre à Théophile une chronologie certaine de l'histoire apostolique.

Un synchronisme important est celui de la mort du roi Hérode Agrippa, survenue peu après le supplice de Jacques et de Jean et la fuite de Pierre à Antioche, c'est-à-dire peu de temps après le voyage de Barnabé et de Paul à Jérusalem pour l'affaire des observances légales. Agrippa Ier est mort au cours de l'an 44. La réunion de Jérusalem, où a été discutée l'affaire des observances a pu avoir lieu tout au commencement de la même année. En combinant cette donnée avec celles de l'épître aux Galates, on obtient pour la conversion de Paul la date de l'an 31, au plus tard. Paul sera venu à Antioche vers l'an 33, et la mission commune de Barnabé et de Paul en Syrie et en Cilicie se placerait entre les années 33 et 44. Si Jésus est mort au printemps de l'an 29, comme on peut l'inférer de l'indication donnée dans le troisième évangile [1], et qui se lisait peut-être en tête du premier livre à Théophile, on devrait placer

IV. — ESSAI DE CHRONOLOGIE

dans l'espace de deux à trois ans au plus la fondation du premier groupe chrétien à Jérusalem, la constitution du groupe helléniste, le martyre d'Étienne et les commencements d'évangélisation à Antioche et à Damas. Mais il reste possible que la mort de Jésus soit antérieure à l'an 29.

Le conflit d'Antioche, en suite duquel Paul s'est séparé des autres apôtres, ayant eu lieu probablement vers la fin de l'an 44, les missions particulières de Paul se placent entre l'an 45 et l'an 54, au plus tôt, l'an 59 au plus tard (si Paul est mort seulement dans la persécution de l'an 4). On peut donc mettre approximativement dans les années 45-46 la prédication de Paul à Derbé, Lystres, Iconium, Antioche de Pisidie, en Galatie ; dans les années 47-49 la mission de Macédoine, fondation de communautés à Philippes, à Thessalonique, à Bérée, et la prédication infructueuse à Athènes ; dans les années 50-52 le premier séjour de Paul à Corinthe et la fondation de la communauté corinthienne ; dans les années 53-55, la mission d'Éphèse ; au printemps de 56 le départ de Paul pour Jérusalem ; du commencement de l'été 56 à la fin de l'été 58, la captivité de Paul à Césarée ; le départ pour Rome, la traversée et le naufrage, à l'automne de 58 ; au printemps de 59 l'arrivée de Paul à Rome, et de 59 à 61 les deux années de captivité romaine ; en 61, la condamnation et la mort de Paul. Si celui-ci était mort en l'an 64, comme on ne peut retarder au printemps de 59 le départ pour Jérusalem, on devrait supposer que la captivité de Paul à Rome s'est prolongée, en d'autres conditions, au-delà des deux ans qui sont indiqués à la fin du livre.

---

1. *Luc*, III, 1.

SECONDE PARTIE : LES ACTES DES APÔTRES

I. — LE RÉDACTEUR DES ACTES

Le personnage qui a fait du second livre à Théophile l'ouvrage ultérieurement canonisé sous le titre, assez inexact et tendancieux, d'*Actes des apôtres*, n'a pas légué son nom à la postérité. On est fondé à croire qu'il ne l'a pas voulu et qu'il ne pouvait pas le vouloir. En possession d'une œuvre précieuse, bien authentique et portant le nom de celui qui l'avait écrite, il ne s'est proposé rien de moins que de la transformer profondément, tout en la laissant sous le patronage de son premier auteur. Procédé qui, de nos jours, serait qualifié sévèrement, et qui, même en ce temps-là, ne devait pas être jugé d'une honnêteté parfaite, puisque l'on prenait soin de le dissimuler. On s'expliquerait qu'il n'ait pas eu ce plein respect du fait et du témoignage, qui, même pour l'historien moderne, est une règle idéale d'autant plus difficile à pratiquer, qu'elle doit s'associer à une critique impartiale. Mais il ne pouvait pas s'empêcher de reconnaître, au moins dans une certaine mesure, que ce que Luc avait raconté représentait, autant que Luc avait pu savoir et voir, l'histoire comme elle s'était passée, et que ce qu'il mettait à la place était une adaptation et une interprétation assez différentes de la réalité. Ce qu'il racontait lui-même était l'histoire comme elle aurait dû arriver ; et il se doutait bien un peu de la différence, puisqu'il inventait méthodiquement, tout au moins pour une bonne partie, ce qu'il substituait à une vérité qui gênait sa démonstration.

Agit-il ainsi comme personne privée, sous sa responsabilité personnelle ? On voudrait le penser. Mais le contraire est plus vraisemblable. Cette apologie d'intérêt général, de caractère presque politique, écrite probablement à Rome, comme l'ouvrage de Luc, et dans l'esprit de la communauté romaine, a chance de n'être pas l'œuvre d'un individu risquant de lui-même une idée qui fera ou qui ne fera pas son chemin ; l'on dirait plutôt une œuvre concertée, et le fait que l'œuvre authentique de Luc a disparu sans laisser de trace s'explique mieux ainsi. Cette œuvre ne devait pas être fort répandue, et probablement ne l'était-elle que dans le milieu romain. Le livre authentique aura été systématiquement remplacé par le livre frelaté. C'est tout au plus si Marcion, vers 140-150, a eu vent de la fraude et a pu s'en prévaloir pour refaire à sa guise l'évangile, sans se soucier aucunement des Actes.

Notre rédacteur a donc pu appartenir au personnel dirigeant de la communauté romaine. Il a écrit l'histoire apostolique telle que déjà la concevait, vers 95, l'épître de Clément aux Corinthiens, et l'indice est d'autant plus à retenir que cette épître ne se présente pas comme une œuvre personnelle, mais qu'elle a été rédigée et expédiée au nom de « la communauté de Dieu domiciliée à Rome ». Il pourrait y avoir là quelques atténuations de ce qui nous paraît être un faux. Celui qui a déformé l'œuvre de Luc ne travaillait pas pour lui-même, dans un intérêt personnel, ni en vue de tromper la postérité ; il travaillait pour sa secte, dans ce qui paraissait être l'intérêt actuel des communautés chrétiennes, sans autre préoccupation que de traduire en plaidoyer l'histoire que Luc avait laissée. L'espèce de faux que représente pour nous le livre des Actes est l'expression d'une politique dont l'agent principal a été seulement l'interprète. Dans tous les temps et dans tous les milieux, la politique a maintes fois sacrifié à d'autres intérêts ceux de la simple vérité. Le fâcheux est qu'ici l'on se donne l'air de parler vrai, avec l'homme apostolique dont le nom reste en tête du livre, et que très souvent on lui fait dire au lieu du vrai ce qui était fiction opportune.

II. — BUT ET MÉTHODE DU RÉDACTEUR

Luc avait voulu raconter à Théophile l'histoire héroïque de la foi, ce que Jésus avait fait et enseigné, comment il avait souffert la mort, comment, de son immortalité, il avait renvoyé ses disciples à Jérusalem, comment l'espérance du salut s'était affirmée par Pierre et ses compagnons, par Étienne, et comment elle s'était répandue par les hellénistes dispersés, enfin comment Paul, formé à Antioche auprès de Barnabé, avait porté l'Évangile en divers pays, et comment il avait terminé sa carrière à Rome : ainsi le christianisme était fondé sur ses martyrs. Mais il s'agissait maintenant de bien autre chose.

Au lieu de dire simplement au chrétien l'histoire de sa foi, l'on voulait démontrer à tous, aux païens en général, à l'autorité romaine d'abord, que le christianisme n'était pas une secte nouvelle, étrangère à tout et en contradiction avec les lois ; que c'était, au contraire, la forme authentique et parfaite de la religion juive, l'espérance où se résumait celle-ci ayant été accomplie en Jésus, et les prédicateurs du christianisme n'ayant jamais fait, ne faisant pas autre chose que d'annoncer cette espérance et sa réalisation ; qu'ainsi la tolérance officielle dont jouissait le judaïsme devait être acquise au christianisme, et d'autant plus que le seul grief des Juifs contre les chrétiens était d'avoir fait part aux païens du salut qu'eux-mêmes avaient refusé. L'apologie se substitue à l'histoire de la foi, parce que la persécution a déjà sévi, qu'elle menace encore, les Juifs eux-mêmes à l'occasion y poussant, et que l'on croit pouvoir la conjurer en établissant devant l'opinion dirigeante la situation du christianisme à l'égard du judaïsme.

Un tel espoir ne se comprend qu'à une époque où la distinction des deux religions, chrétienne et juive, est pleinement acquise en fait, et leur séparation pleinement accomplie, mais où la confusion qui a existé d'abord entre les deux subsiste assez dans le souvenir et même dans l'opinion pour que l'on puisse au moins tenter de faire passer le christianisme pour une forme de judaïsme bien fondée en tradition, quoique rejetée par la majorité des Juifs de race. On est donc assez loin des origines et à l'aube des persécutions, à une époque où l'autorité romaine a pris décidément position contre le christianisme, mais ne paraît pas encore très fixée sur le principe de son hostilité, où le judaïsme lui-même n'est pas officiellement en mauvaise posture et où l'on peut souhaiter de lui être assimilé au point de vue légal. Ces conditions pourraient sembler réalisées dans les premières années du second siècle ; mais, comme les Juifs sont présentés par ailleurs, dans le troisième évangile et dans les Actes, comme un peuple réprouvé, que Dieu a justement frappé, rien n'empêcherait de placer vers 120-140 la rédaction dernière de ces livres.

La méthode suivie par le rédacteur des Actes pour transformer l'histoire en démonstration apologétique est celle du travestissement perpétuel. Il n'a retenu de son devancier que les simples indications de fait qui lui fournissaient un cadre et qui ne le gênaient pas. Tout le reste a été supprimé, remplacé ou altéré. Ce qui subsiste du second livre à Théophile n'est même pas un squelette complet ; car la suite originelle des faits n'a pas été respectée. Pour cacher les brèches qu'il a lui-même ouvertes et pour donner à l'ensemble de ses récits la physionomie qui lui convient, le rédacteur emploie, à l'occasion, les libres procédés du dédoublement et de la transposition. Sans scrupule à l'égard de sa source principale, du livre qu'il refait, il n'en a pas plus à l'égard des sources étrangères qu'il utilise pour ses travaux de remplissage. Il fait depuis longtemps le désespoir des interprètes orthodoxes, qui sont fort en peine d'expliquer comment il a pu mettre deux voyages de Barnabé et de Paul à Jérusalem, au lieu du seul voyage dont parle l'épître aux Galates, et comment il a pu, en s'inspirant de l'historien Josèphe, faire dire au sage Gamaliel, dans un discours qui aurait été prononcé vers l'an 30 de notre ère, que l'aventurier Theudas, qui a paru seulement vers l'an 45, est antérieur à Judas le Galiléen, dont la révolte eut lieu vers l'an 7. Les miracles ne lui coûtent rien ; les discours non plus : il met des uns et des autres autant qu'il faut pour relever et équilibrer ses récits ou faire valoir ses idées. Comme il arrive d'ordinaire en pareil cas, il ne crée rien en fait de récits merveilleux : il utilise des types connus que lui fournissent l'Ancien Testament, la tradition évangélique et même celle du paganisme contemporain. Pour les discours, il a utilisé pareillement des thèmes tout préparés que lui offrait la controverse courante avec les Juifs, les textes de l'Ancien Testament dont les polémistes chrétiens avaient accoutumé de s'autoriser pour montrer l'accomplissement des prophéties dans le Christ et dans la communauté. Une seule fois, pour une circonstance solennelle, dans le discours de Paul à l'Aréopage, il s'est risqué à exploiter un thème de philosophie, et de philosophie païenne, mais déjà plus ou moins élaboré avant lui par l'apologétique juive. Il n'a inventé ni le Dieu inconnu ni l'exorde tiré de la rencontre de l'autel d'Athènes ; mais il a feint, pour le besoin de son discours, que l'autel « aux dieux inconnus » était dédié « au Dieu inconnu ». Une même méthode, si facile qu'on est tenté de chercher un autre mot pour qualifier cette façon de construire une apparence d'histoire et un plaidoyer qui veut être démonstratif, a donc été appliquée d'un bout à l'autre du livre, et cette méthode n'est pas plus exacte en information qu'elle n'est sévère en logique.

III. — LES PARTIS-PRIS APOLOGÉTIQUES

I. L'Eglise est le royaume de l'Esprit.

De la fondation de l'Église et de son développement, le rédacteur s'est fait une idée très simple, à laquelle il coordonne son apologétique : l'Église est le royaume de l'Esprit. C'est évidemment ce qui la différencie du judaïsme, qui est le royaume de la lettre figurative, du rite matériel et purement symbolique. Les communautés sont actuellement dirigées par des anciens (*presbytres*, prêtres), appelés aussi surveillants (*episcopes*, évêques), que l'Esprit saint lui-même a préposés à leur gouvernement : ils sont censés désignés par les apôtres, ou bien ils ont été élus par les communautés ; mais c'est l'Esprit qui a fait le choix, parce qu'il était dans les Apôtres et qu'il est dans la communauté ; toutefois ce sont les apôtres et les anciens qui sont les dépositaires et les organes attitrés de l'Esprit. Le sort terrible d'Ananie et de Saphire doit servir d'avertissement aux simples fidèles qui croiraient pouvoir se dérober à leur contrôle. Cependant, il existe des prophètes, et l'on fait état de leurs visions. Cette société où règne l'Esprit s'est substituée déjà en fait au royaume de Dieu qu'avait annoncé le Christ et dont la perspective subsiste encore, assez prochaine, dans l'idée du jugement universel.

Le règne de l'Esprit a été inauguré cinquante jours après la résurrection de Jésus. Et ici des mythes sont résolument introduits dans la trame

III. — LES PARTIS-PRIS APOLOGÉTIQUES

de l'histoire. Il était admis déjà que le Christ était ressuscité le troisième jour après sa mort ; mais on croyait aussi bien, on avait cru longtemps, et Luc lui-même disait que Jésus avait été « ravi » au ciel. Ses apparitions avaient été fugitives, comme celles des anges qui apportent les messages divins. Notre rédacteur veut, pour l'institution du règne de l'Esprit, une chronologie plus précise. L'Esprit qui régissait la communauté n'était pas autre que l'Esprit de Dieu ou l'Esprit même du Christ ; c'était donc le Christ qui le communiquait, c'est lui qui l'envoyait, c'est lui qui dès le commencement avait dû l'envoyer et en investir les apôtres. Il importait d'autant plus de dater, d'antidater l'envoi de l'Esprit, que les dons spirituels, les manifestations de prophétie, de glossolalie (le prétendu don des langues) et autres semblables, n'étaient apparus que peu à peu et plutôt, à ce qu'il semble, dans les communautés helléno-chrétiennes, la communauté primitive et ce qui exista ensuite de communautés judaïsantes en ayant été beaucoup moins pourvues.

Notre hagiographe estima donc que Jésus ressuscité avait dû rester quarante jours sur la terre avec ses disciples pour les instruire, avant de monter au séjour de sa gloire, à la droite du Père qui est au ciel. Au terme des quarante jours, le Christ avait conduit ses disciples sur le mont des Oliviers, lieu prédestiné de l'avènement messianique, et il était parti vers Dieu. Il avait préalablement ordonné à ses disciples d'attendre à Jérusalem la venue de l'Esprit, par la vertu duquel ils seraient en mesure d'accomplir leur mission dans tout l'univers.

Comme on a antidaté l'institution des douze apôtres en l'attribuant à Jésus, et que la défection de Judas est censée avoir laissé une place vide dans le collège apostolique, on nous montre d'abord les Onze choisissant au sort un douzième témoin du ministère et de la résurrection du Christ. Le jour de la pentecôte, l'Esprit descend sur eux en fracas de tempête sous la forme de langues de feu, et les voilà qui parlent toutes les langues de la terre ; des Juifs de tout pays sont là pour le constater ; Pierre parle à cette foule, dit que le prodige est accomplissement de prophétie, et il cite Joël ; des milliers d'auditeurs se convertissent, et dès ce jour l'Église est fondée.

Autant qu'il peut, le rédacteur soutient cette fiction prodigieuse. L'Esprit continue à faire merveille dans les apôtres. Il fait parler Pierre après la guérison du paralytique et ajoute cinq mille convertis aux trois mille de la pentecôte. Il inspire une réponse pleine de haut courage à Pierre et à Jean devant le sanhédrin ; il se manifeste en grand tremblement dans la communauté qui remercie Dieu après que les deux confesseurs l'ont rejointe. Il inspire le courageux Étienne, comme il a inspiré Pierre. Mais quand Philippe, un des Sept, a évangélisé Samarie, il n'a pu que baptiser les convertis sans leur donner l'Esprit. Ce sont les apôtres Pierre et Jean, venus de Jérusalem, qui le leur confèrent en leur imposant les mains.

Cependant, le privilège apostolique se transmet, se donne, selon le choix que suggère l'Esprit même : honte au magicien Simon qui avait voulu l'acheter ! L'Esprit conduit les missionnaires : il dit à Philippe d'aborder l'eunuque éthiopien. Il remplit Saul après son baptême et le fait prêcher hardiment tout de suite sur le théâtre de ses folies persécutrices, à Damas et à Jérusalem. Il tombe devant Pierre sur le centurion Cornélius et les gens de sa maison, pour témoigner que les païens comme les Juifs ont part au don de Dieu et doivent être reçus dans la communauté : et ceux de Jérusalem, qui blâmaient Pierre d'avoir mangé avec un païen, n'ont plus rien à dire quand Pierre leur a expliqué comment l'Esprit lui a dicté sa conduite en refaisant la pentecôte sur Cornélius. L'Esprit suggère la décision du concile apostolique touchant les observances légales, et il est nommé comme premier auteur de son décret. C'est par l'Esprit que la communauté subsiste et grandit. C'est l'Esprit qui assiste Paul dans ses pérégrinations apostoliques et devant ses juges ; c'est l'Esprit qui, à la dernière page des Actes, lui fait proclamer la réprobation des Juifs au profit des Gentils.

Conception systématique, mais où se reflètent et la réalité présente et la récente histoire ; il est bien vrai que la communauté chrétienne est une société de mystère, une économie de salut fondée sur la foi et la communion du Christ, sur ce Christ spirituel et immortel, qui est son lien invisible, qui fait son unité mystique, qui est un et multiple, qui est Jésus, le Christ glorieux, et qui est l'âme de l'Église. Les fictions du rédacteur sont l'expression symbolique de cette réalité ou de cette foi, qui est celle des communautés chrétiennes de son temps.

II. Le christianisme est le vrai judaïsme.

Une autre catégorie de fictions est en rapport avec son apologétique, avec l'intérêt qu'il a ou qu'il croit avoir à prouver que le christianisme ne diffère pas du judaïsme et qu'il en est plutôt l'authentique réalisation : prétention contradictoire au fait que représente la série mystique des fictions rédactionnelles ; car ce qui, précisément, différencie le christianisme du judaïsme, c'est que le christianisme constitue une économie de

III. — LES PARTIS-PRIS APOLOGÉTIQUES

salut analogue à celles que tendaient à organiser en ce temps-là même les mystères païens, tandis que le judaïsme était essentiellement une religion nationale, le christianisme n'étant né qu'en se dégageant du nationalisme juif, et la tension qui se produisit d'abord entre judaïsants et universalistes n'ayant pas d'autre signification que celle d'un conflit où l'idée mystique et hellénistique du salut universel l'emporta sur la tradition nationale du culte israélite. La lutte, il est vrai, existait déjà en quelque manière au sein du judaïsme ; mais là, ce fut la tradition nationale qui l'emporta. Dans la propagande qui se fit au nom de Jésus, la lutte se produisit, pour ainsi dire, à la frontière du monde juif et du monde païen, et, grâce à la transformation du Messie national en Sauveur universel, ce fut le mystère hellénistique, greffé sur le monothéisme juif, qui surmonta la tradition cultuelle du judaïsme.

Le rédacteur, avec une bonne foi relative, construit sur une équivoque sa thèse touchant l'identité du judaïsme et du christianisme, et il la poursuit sans scrupule en inventant les discours et les faits qui peuvent la servir. En antidatant le mystère chrétien, il n'a pas craint de montrer Pierre dans un rôle qui fut celui de Barnabé et des premiers apôtres d'Antioche, ni même de lui attribuer des propos qui furent ceux de Paul ; pour le besoin de sa thèse apologétique, il ne craindra pas de judaïser Paul et tout l'helléno-christianisme.

Aucun écrivain du Nouveau Testament n'a plus insisté sur l'argument des prophéties réalisées en Jésus. Mais on ne doit pas lui faire un grief spécial de citer les textes à contresens. Ce n'est pas lui qui a inventé l'exégèse arbitraire moyennant laquelle on a trouvé prophétisées dans l'Ancien Testament la mort et la résurrection de Jésus, la fondation de l'Église ; il n'a fait que pousser à l'extrême et affirmer sans relâche ce contresens systématique. Il n'a pas craint de le faire remonter jusqu'à Jésus lui-même : le Christ ressuscité fait un véritable cours d'exégèse prophétique aux disciples d'Emmaüs [1], et la même leçon est certainement comprise dans les instructions qu'il est censé avoir données à ses disciples pendant quarante jours, les prophéties de l'Ancien Testament étant à compter parmi « les choses qui regardent le règne de Dieu » [2]. Pour le rédacteur, ce qu'a dit un prophète est l'enseignement de tous ; c'est pourquoi il ne se lasse pas de répéter que tous les prophètes ont annoncé le Christ, et il est même tellement sûr de son fait qu'il montre le roi Agrippa II ébranlé par l'argumentation de Paul sur les textes messianiques qui sont supposés avoir eu en Jésus leur accomplissement. Jésus et le christianisme n'ont pas fait et ne font pas autre chose que de réaliser les prédictions consignées dans les livres saints des Juifs : tel est le principe, et si ce principe appartient à la tradition chrétienne depuis le commencement, s'il a toujours été à la base de la prédication aux Juifs et de la polémique anti-juive, il acquiert dans les Actes une signification et une rigueur plus absolues que nulle part ailleurs.

Là doit être, en grande partie, la raison de la forme particulière qu'affecte la christologie du rédacteur, et aussi celle du ton biblique de son langage. Il parle comme la version des Septante, et c'est parce qu'il s'étudie à parler ainsi, ce n'est pas uniquement parce qu'il s'est nourri de la Bible. La couleur de son style est celle qui convient à la cause qu'il plaide. De même, la couleur juive de son messianisme tient beaucoup moins à un prétendu archaïsme de sa doctrine et de ses formules touchant le Christ qu'au parti pris de se rapprocher le plus possible du judaïsme en montrant que Jésus a été le Messie annoncé par les Écritures juives. Le mirage juif des Actes, comme le mirage philosophique des apologies qui vont bientôt venir, et auxquelles prélude le discours de Paul à l'Aréopage, dissimule une christologie mystique, la doctrine qui convient à une religion dont l'objet même est le Seigneur Christ.

On s'étonne parfois de ne retrouver pas dans les Actes la christologie de Paul, et le fait est qu'elle n'y est pas, qu'on l'entrevoit à peine et que le rédacteur semblerait en vouloir connaître seulement les conclusions pratiques, l'universalité du salut par la foi au Christ, sans en déclarer le fondement métaphysique, la préexistence céleste du rédempteur, ni même la conception mystique de la rédemption par la mort de Jésus. Ce fait néanmoins n'a rien de surprenant si l'on veut bien considérer que ni Luc ni le rédacteur n'ont ignoré la théologie de Paul ; mais l'œuvre de Luc n'en avait, à ce qu'il semble, que fort peu de traces, parce qu'elle était historique d'intention et en réalité ; le rédacteur, qui ne se serait pas fait scrupule d'anticiper les théories de Paul dans l'histoire évangélique et apostolique, si elles avaient servi sa thèse, ne s'en est pas plus soucié que la tradition commune de l'Église au second siècle, parce qu'elles auraient plutôt compromis sa démonstration.

S'il voulait montrer que le christianisme n'était que le plus authentique judaïsme, l'accomplissement littéral et parfait de toute la prophétie juive, force lui était de se tenir le plus près possible et des doctrines juives et des formules de l'Ancien Testament. C'est pourquoi il ne se lasse pas de faire dire aux orateurs de la nouvelle foi que Jésus le Nazoréen fut un homme, recommandé de Dieu auprès des Juifs par des signes et des prodiges, qui a été, conformément à un décret de la Providence, livré par les Juifs, ignorants de ce qu'ils faisaient, aux Romains qui l'ont mis à mort, et que Dieu a ressuscité, conformément à un autre décret providentiel, les Écritures attestant également et que le Christ devait mourir et qu'il devait ressusciter d'entre les morts. Les apôtres ne sont que les témoins de cette résurrection du Messie, annoncée dans les Écritures. Bien plus, le christianisme n'est que cette foi à la résurrection des morts, qu'il affirme dans le cas de Jésus. Paul même, si l'on en croit le rédacteur, n'a fait autre chose que de prêcher cette doctrine des pharisiens en prêchant Jésus ressuscité. En tant que Messie souffrant, Jésus est le « serviteur » dont a parlé Isaïe ; en tant que Messie ressuscité, il est le « Seigneur » dont a parlé David. Ainsi toute la foi chrétienne n'est que la foi juive affirmée dans la résurrection de Jésus, Messie juif en qui se sont accomplies toutes les prédictions des livres juifs et toutes les espérances religieuses du judaïsme.

III. Les Juifs ont repoussé le salut.

La grosse difficulté de cette apologétique était que les Juifs, pris en masse, ne convenaient nullement de son principe, et, répudiant la foi de Jésus, niaient que les Écritures eussent été accomplies en lui. N'était-ce point chose étrange que le peuple à qui s'adressaient les promesses n'en eût pas perçu la réalisation et se trouvât exclu de leur bénéfice ? À cette objection, les prédicateurs chrétiens avaient trouvé de bonne heure une réponse que les évangélistes n'ont pas craint de placer dans la bouche même de Jésus : l'aveuglement et l'endurcissement des Juifs devant l'Évangile avaient été prédits dans un oracle d'Isaïe [3]. Notre rédacteur a logé ce texte à la fin de son œuvre, comme pour expliquer, justifier et consacrer de façon définitive la séparation du christianisme d'avec le judaïsme ; et il a pris soin dès l'abord, dans le long discours d'Étienne, de préparer cette conclusion dernière en montrant que l'histoire israélite était celle d'une longue infidélité ; que les ancêtres des Juifs n'avaient écouté ni Moïse ni les prophètes ses successeurs ; que même le culte du temple n'était pas celui que Moïse avait institué. Il était dans la logique de leur histoire que les Juifs méconnussent le Christ annoncé par ces prophètes que leurs ancêtres avaient les premiers méconnus et maltraités.

Ils ne devaient pas ignorer que le salut viendrait par eux à tous les peuples : Dieu l'avait dit à Abraham. L'excès de leur aveuglement s'est manifesté en excès d'odieuse jalousie ; car c'est sur cette question du salut des Gentils qu'ils ont fait grief aux fondateurs du christianisme ; ce qu'ils reprochent aux chrétiens est d'admettre les incirconcis à l'espérance de la résurrection bienheureuse. Cependant les chrétiens, en agissant ainsi, se conforment à la Loi, qui n'a pas prévu d'autres obligations universelles que celles qui sont exprimées dans le décret apostolique [4]. Que les païens qui viennent à la foi s'abstiennent des viandes immolées aux idoles, de l'inceste, du sang et des viandes non saignées, ils sont en règle avec la Loi. Mais les Juifs ne l'entendent pas ainsi, et ils veulent que le salut ne soit que pour eux. Ils n'ont poursuivi en Paul que le missionnaire des Gentils.

Rien pourtant n'a été négligé pour qu'eux-mêmes profitassent de la promesse qui leur avait été faite. Il était dans les vues de la Providence que le salut leur fût proposé d'abord. C'est pourquoi Dieu a suscité chez eux le Messie, comme il était prédit. C'est pourquoi Paul lui-même, envoyé par le Christ aux nations lointaines, a commencé toujours, en toutes les villes où il a passé, par prêcher dans les synagogues, et ne s'est tourné vers les Gentils qu'après avoir été repoussé par les Juifs : ainsi en fut-il à Antioche de Pisidie et partout jusqu'à Rome. Le salut promis était pour les Juifs et pour les Gentils : il a été d'abord offert aux Juifs, et c'est aux refus des Juifs qu'il paraît maintenant n'être quasi que pour les Gentils. Que les Juifs subissent les conséquences de leur endurcissement égoïste et obstiné. Ce n'est pas motif pour dénier aux chrétiens le droit de se considérer et d'être considérés comme les vrais représentants de la religion révélée à Israël.

IV. Pierre est le principal témoin du Christ et le principal fondateur de la tradition chrétienne.

Il n'y a pas que subtilité dans ce plaidoyer. Le fâcheux est que son auteur ait jugé bon de faire valoir la cause en falsifiant l'histoire, tant celle du développement intérieur du christianisme et de la crise qu'il a traversée pour se dégager de l'esprit judaïsant, que celle de l'évangélisation chrétienne, et les physionomies de Pierre, de Barnabé, de Paul. Mais l'intérêt très particulier qui s'attache, dans les Actes, au personnage de Pierre, ne trouve, semble-t-il une explication adéquate que si l'on y reconnaît celui que l'Église romaine entend prendre à son premier fondateur, à celui du moins qu'elle a jugé bon de tenir pour tel, et si c'est la tradition romaine qui est authentiquée par ce qui nous est raconté du rôle de Pierre dans l'organisation de la propagande chrétienne.

III. — LES PARTIS-PRIS APOLOGÉTIQUES

Le relief donné à la personne de Pierre, si l'on a égard aux moyens employés pour l'obtenir, ne peut en aucune façon être attribué à l'influence d'une tradition ou de documents judaïsants que le rédacteur aurait utilisés. Ce n'est point l'apôtre judaïsant qui est glorifié dans les fictions que le rédacteur brode sur les simples données de Luc, c'est l'initiateur de l'évangélisation universelle, de la prédication aux Gentils comme de la prédication aux Juifs, on peut dire le fondateur de la tradition catholique, c'est la figure de Pierre telle que l'a conçue et gardée l'Église de Rome. Et cette figure prime celle de Paul en s'en assimilant certains traits, si bien que le livre des Actes présente les deux apôtres dans le plan où les conçoit la tradition romaine. C'est sans doute cette tradition même, dans le temps où elle se forme, qu'exprime le livre des Actes. Il n'y a pas lieu de s'en étonner, puisque la même tradition s'affirme déjà en raccourci, mais tout aussi nette, pour qui sait lire, dans l'épître de Clément [5].

L'apologie du rédacteur des Actes est donc équilibrée de telle sorte qu'elle représente la fondation du christianisme dans l'histoire des deux apôtres que la communauté romaine a jugé bon de considérer comme ses propres fondateurs. Cette apologie réserve à Pierre, comme il convenait pour l'avantage de la démonstration et de la tradition, la première place et le premier rôle ; à cet effet, elle remplit de fictions la première partie des Actes ; elle ménage ainsi l'identification de la tradition chrétienne et apostolique à la tradition romaine ; et elle pose en même temps les bases d'une primauté qui s'affirmera de plus en plus dans l'histoire du christianisme.

V. Jamais les autorités romaines n'ont condamné les chrétiens.

Mais le rédacteur ne s'en est pas tenu là. Suivant un autre genre de fiction que la tradition évangélique avait inauguré avant lui, il a prêté dans le passé aux autorités constituées l'attitude qu'il aurait souhaité leur voir prendre dans le présent à l'égard des chrétiens. Dans Marc, le jugement et la condamnation de Jésus par le sanhédrin, et l'incident de Barabbas [6] avaient été conçus pour transporter de Pilate sur les magistrats et le peuple juifs la responsabilité de la sentence dont avait été victime le fondateur présumé du christianisme. Marc étant probablement un ancien évangile romain, il n'est pas sans intérêt de noter que cette première fiction a chance d'avoir été imaginée à Rome. Luc paraît avoir ignoré le jugement par le sanhédrin, peut-être même l'incident de Barabbas ; le rédacteur a tout pris et même il a cru pouvoir faire rendre à Jésus un témoignage d'innocence par le tétrarque Antipas [7], préludant ainsi au double témoignage que Festus et Agrippa II rendront à l'innocence de Paul : Jésus avait été absous par le prince hérodien et par Pilate ; c'est un sanhédrin fanatique et un peuple abusé qui l'ont fait exécuter. Le supplice de Jésus est ainsi interprété dans les discours des Actes. On ne doit donc pas s'étonner que l'attitude des autorités politiques non juives, surtout des autorités romaines, envers l'Église apostolique, ait été comprise ou plutôt altérée de la même façon.

Tout le mal vient des Juifs. Ce sont les prêtres sadducéens qui s'acharnent d'abord contre les apôtres, parce que ceux-ci prêchent à propos de Jésus la résurrection des morts. C'est pour complaire aux Juifs qu'Hérode Agrippa a fait tuer Jacques et emprisonner Pierre. Ce sont les Juifs qui partout suscitent des embûches à Paul. Ce sont eux qui l'ont lapidé à Lystres, au lieu que Luc, très probablement, le faisait lapider à Iconium par les païens. Ce sont les Juifs qui, à Thessalonique, obligent les politarques à chasser de la ville Paul et Silas, et contraignent l'Apôtre à s'échapper de Bérée. Ce sont les Juifs qui finalement poursuivent la condamnation de Paul devant les procurateurs, sans que ceux-ci réussissent à voir de quoi il peut être coupable. Il y avait eu pourtant, du moins le rédacteur nous le raconte, un Juif plein de sagesse, le grand docteur Gamaliel, qui avait donné au sanhédrin le seul conseil à suivre si l'on n'était pas frappé de l'évidence du christianisme : laisser agir Dieu, qui montrerait bien, par le résultat qu'aurait l'entreprise des apôtres, si celle-ci venait ou non de lui.

Combien meilleure et plus significative aurait été, d'après notre apologiste, la conduite des magistrats romains, l'on peut dire des Romains en général, surtout des soldats romains, en qui le rédacteur ne voit que les agents de l'autorité et de la police impériales ! C'est un centurion romain, le bon Cornélius, qui a inauguré la conversion des païens au christianisme. Un peu plus tard, le proconsul de Chypre, oui, le proconsul Sergius Paulus, a embrassé la foi, après avoir vu son magicien juif Bariésous confondu et rendu aveugle par l'apôtre Paul. Les magistrats de Philippes avaient fait flageller Paul et Silas pour satisfaire une populace ameutée ; mais ils sont venus le lendemain les mettre en liberté, avec mille excuses, quand ils ont appris que les deux missionnaires étaient citoyens romains. Gallion à Corinthe ne s'était pas converti comme Sergius Paulus, mais il a fait presque mieux que de se

III. — LES PARTIS-PRIS APOLOGÉTIQUES

convertir, disant comment le pouvoir politique romain devait se comporter devant le conflit doctrinal qui mettait aux prises Juifs et chrétiens : se bien garder de prendre parti dans cette querelle théologique où étaient engagées les deux fractions d'une même religion, et surtout ne pas se rendre l'instrument des rancunes juives contre le christianisme ; en l'occasion, ne pas s'inquiéter des horions que peuvent recevoir, dans les bagarres qu'ils provoquent, les Juifs, ces perpétuels dénonciateurs des chrétiens. On a pu voir à Éphèse les asiarques, ces préposés au culte de Rome et d'Auguste, empêcher Paul de se commettre dans une émeute populaire, et le chancelier de la ville apaiser ses concitoyens par des paroles de modération. Le tribun Lysias, qui avait arraché Paul aux mains des émeutiers juifs prêts à le massacrer devant les portes du temple, avait pu constater que, dans le sanhédrin même, la moitié pharisienne de l'assemblée ne jugeait point condamnable la thèse de Paul, et le rapport qu'il avait adressé à Félix en lui envoyant Paul était tout favorable. Félix n'avait pas remis Paul en liberté, mais c'est qu'il attendait que Paul achetât sa libération, et c'était aussi pour être agréable aux Juifs ; par ailleurs, lui et sa femme Drusilla prenaient intérêt à la doctrine chrétienne, qu'ils se faisaient exposer en de fréquents entretiens avec l'apôtre captif. Festus aussi avait voulu plaire aux Juifs, et c'est pourquoi il avait proposé à Paul d'aller se faire juger en sa présence par le sanhédrin à Jérusalem. Mais, Paul ayant interjeté appel, Festus s'était trouvé fort embarrassé, n'ayant rien à mettre dans le rapport qu'il devait envoyer à César sur cette affaire ; il avait consulté à ce sujet le roi Agrippa, et ce prince, qui était au courant des choses juives, avait dû, après avoir entendu Paul déclarer à Festus que « l'on aurait pu remettre cet homme en liberté s'il n'avait appelé à César ».

Par la bouche d'Agrippa II le lecteur apprend ce qu'il doit penser de la sentence rendue contre Paul par le tribunal de Néron : ce ne peut être qu'un faux jugement, rendu pour faire plaisir aux Juifs. Seulement, cette fois, le rédacteur a mieux aimé le faire entendre que de discuter franchement et de nier ouvertement la valeur d'une condamnation prononcée par le tribunal impérial. Ne croyant pas pouvoir altérer autant qu'il aurait fallu le récit de cette condamnation, il a mieux aimé le supprimer et laisser deviner ce qu'il n'osait pas dire : que la condamnation du christianisme dans la personne de Paul et des premiers martyrs chrétiens avait été une erreur essentielle et une profonde injustice.

1. *Luc*, XXIV, 25-27.
2. *Actes*, début. Comparer *Luc*, XXIV, 44-47.
3. *Isaïe*, VI, 9-10.
4. *Actes*, XV, 28-29.
5. *Ep. aux Corinthiens*, V.
6. *Marc*, XIV, 53, 55-64 ; XV, 1-15.
7. *Luc*, XXIII, 6-15.

IV. — VALEUR DU PLAIDOYER

Sur le terrain juridique, où l'auteur affectait de se placer, sa thèse était indémontrable, et sa fiction aurait éclaté s'il avait voulu la pousser trop loin : le christianisme n'était pas le judaïsme, la propagande chrétienne était autre chose que la propagande juive ; il n'était pas possible, en fait ni en droit, de considérer que la campagne entreprise par le christianisme contre tous les cultes de l'empire, à commencer par le culte impérial, et y compris le judaïsme lui-même, pût profiter de la tolérance accordée au judaïsme en tant que religion nationale. Le plaidoyer de notre rédacteur ne pouvait aboutir, attendu qu'il était fondé sur une méconnaissance volontaire de l'état des faits et de la législation. Sa cause, qui, au fond et sans qu'il s'en doutât, était celle de la liberté de conscience valait mieux que la forme qu'il y a donnée et les raisons dont il a voulu l'appuyer. Son tort principal, aux yeux du lecteur moderne, est de l'avoir traitée en avocat sans scrupules. On peut dire à sa décharge qu'il l'a traitée comme il la comprenait ; qu'il l'a comprise comme on pouvait l'entendre de son temps, au milieu d'un problème vivant, dont la profondeur n'a pu être mesurée qu'ultérieurement dans le recul de l'histoire ; que sa libre manière était alors commune chez les hagiographes dans le monde juif et dans le monde païen. Encore est-il que, s'il ne pouvait apprécier les faits que d'après ses principes et ses lumières, il aurait pu, affirmant le christianisme comme l'unique vérité, ne suivre pas tous les errements des hagiographes non-chrétiens, et qu'il n'était pas obligé, pour montrer que le christianisme avait le droit de vivre, de présenter sciemment sous un jour faux le passé du christianisme. Provisoirement, il a perdu sa peine, et il méritait presque de la perdre. Il n'a réussi pleinement qu'à tromper l'Église sur certaines circonstances de ses origines qu'elle était déjà toute prête à oublier.

LES ACTES DES APOTRES

Les divisions marquées dans la traduction sont pour la commodité de la lecture. Les fragments du second livre à Théophile, que nous supposons avoir été composé par Luc, sont imprimés en italique ; les citations bibliques, en petites capitales ; la masse de l'œuvre rédactionnelle, en caractères communs. Enfin, la traduction a été conformée autant que possible au rythme du texte.

Partie Un
LA PREMIÈRE COMMUNAUTÉ

LEÇONS ET ASCENSION DU RESSUSCITÉ

Le premier livre j'ai composé sur tout, ô Théophile,
ce que Jésus depuis le commencement a fait et enseigné,
jusqu'au jour où, ayant donné ordres aux apôtres
que par Esprit saint il avait choisis, il fut ravi [1].

À eux, il s'est présenté vivant,
après sa passion, par nombreuses démonstrations,
durant quarante jours se manifestant à eux
et leur disant ce qui concerne le règne de Dieu.
Et mangeant avec eux il leur enjoignit
de ne s'éloigner pas de Jérusalem,
mais d'attendre ce qu'a promis le Père :
« comme vous l'avez appris de moi :
Jean a baptisé d'eau ;
mais, vous, en Esprit saint vous serez baptisés sous peu de jours [2]. »

Ceux-ci donc s'étant assemblés,
l'interrogèrent disant :
« Seigneur, est-ce en ce temps
que tu vas restaurer la royauté à Israël ? »
Il leur dit : « Ce n'est point à vous de connaître temps et moments

que le Père a fixés de sa propre autorité ;
mais vous recevrez force, le saint Esprit venant sur vous,
et vous serez mes témoins
à Jérusalem et dans toute la Judée et la Samarie
et jusqu'au bout de la terre. »
Et cela dit,
sous leur regard il fut enlevé,
et un nuage le déroba à leurs yeux.

Et comme ils fixaient leurs yeux au ciel
pendant qu'il s'en allait,
voici : deux hommes se présentèrent à eux en habits blancs,
qui dirent :
« Hommes Galiléens,
que restez-vous à regarder au ciel ?
Ce Jésus, qui est ravi d'auprès de vous au ciel, ainsi viendra
en la façon que vous l'avez vu aller au ciel [3]. »

---

1. Le rédacteur a supprimé la seconde partie du prologue, où l'auteur, après avoir résumé son premier livre, consacré à l'épiphanie terrestre de Jésus, disait l'objet du second ; il accroche au dernier membre de la première partie : « jusqu'au jour où — il fut ravi », en y insérant gauchement la mention des apôtres, son tableau systématique des relations entretenues par le Ressuscité avec ses disciples avant de remonter au ciel. Ce tableau, déjà esquissé à la fin du troisième évangile (*Luc*, XXIV, 36-53), paraît avoir été conçu contre des novateurs (gnostiques) qui niaient le caractère matériel de la résurrection et soutenaient aussi que la manifestation historique de Jésus n'avait été qu'une incarnation apparente.
2. Référence maladroite à *Luc*, III, 16 et XXIV, 49.
3. Tableau facile à imaginer, et qui consacre, tout en la dissimulant, la faillite de l'espérance primitive. Les premiers disciples ont attendu réellement la manifestation messianique dans l'appareil qu'avaient annoncé les prophètes ; ils attendaient l'avènement ; ils sont maintenant censés n'avoir vu que le départ ; mais ce départ fut effectué dans le style prévu pour l'avènement, et le ciel leur a fait savoir que l'avènement ne manquerait pas. Le lieu même du départ est celui que l'on croyait avoir été annoncé pour l'avènement (*Zacharie*, XIV, 4). Ce doit être pour ce motif que la tradition évangélique a fait saluer Jésus comme Messie sur cette montagne avant la passion ; c'est pour la même raison que l'aventurier messianique dont il sera plus loin question (p. 244), qui vint d'Égypte au temps du procurateur Félix, conduisit ses partisans sur le mont des Oliviers en leur promettant que les murs de Jérusalem tomberaient à sa parole. Ainsi donc, provisoirement, le mont des Oliviers, qui doit être le lieu du grand avènement, de la *parousie*, devient le lieu de départ du Christ. Compensation médiocre, mais importante en ses conséquences. Car qui soupçonnerait aujourd'hui que les premiers croyants de Jésus attendaient la manifestation de leur Christ à Jérusalem, que Luc, probablement, l'avait dit, et que l'ascension est venue là comme pour faire oublier la parousie vainement attendue ?

LES ONZE APÔTRES ET LE CHOIX DU DOUZIÈME

Alors ils revinrent à Jérusalem,
du mont dit des Oliviers,
qui est près de Jérusalem,
à distance d'un chemin de sabbat [1] ;

et quand ils furent rentrés,
ils montèrent en la chambre haute
où ils étaient à demeure :
Pierre et Jean,
Jacques et André,
Philippe et Thomas,
Barthélémy et Matthieu,
Jacques d'Alphée et Simon le Zélote
et Jude de Jacques [2].
Tous ceux-là étaient assidus unanimement à la prière,
avec des femmes et Marie, mère de Jésus, et avec ses frères.

Et en ces jours-là,
Pierre se levant au milieu des frères [3], dit,
— le groupe des personnes réunies était d'environ cent-vingt : —
Hommes frères,

il fallait que s'accomplît l'Écriture qu'a prédite l'Esprit saint
par la bouche de David touchant Judas,
devenu le guide de ceux qui ont arrêté Jésus [4] ;
car il était compté parmi nous,
et lui était échu le sort de ce ministère.

Celui-ci donc acheta un champ avec le prix de l'iniquité,
et devenu enflé, il creva par le milieu,
et se répandirent toutes ses entrailles.
Et ce fut connu de tous les habitants de Jérusalem,
en sorte que fut appelé ce champ,
dans leur langue, Akeldama,
c'est-à-dire « champ de sang [5] ».
Car il est écrit au livre des Psaumes :
« QUE SA MÉTAIRIE DEVIENNE DÉSERTE,
ET QUE NE SOIT PLUS CELUI QUI Y HABITE »
Et : « QU'UN AUTRE OBTIENNE SA CHARGE [6]. »
Il faut donc que d'entre les hommes à nous associés
durant tout le temps qu'est allé et venu parmi
nous le Seigneur Jésus,
commençant au baptême de Jean,
jusqu'au jour où il fut ravi d'avec nous,
il y en ait un qui devienne avec nous
témoin de sa résurrection [7]. »

Et ils en présentèrent deux :
Joseph appelé Barsabbas,
qui était surnommé Justus,
et Matthias.
Et priant, ils dirent :
« Toi, Seigneur, qui connais les cœurs de tous,
montre lequel tu as choisi de ces deux
pour prendre cette place du ministère et de l'apostolat
dont s'est retiré Judas
pour aller en son lieu [8]. »
Et ils leur attribuèrent des sorts ;
et le sort tomba sur Matthias,
lequel fut compté avec les onze apôtres [9].

1. « Chemin de sabbat », celui qu'il est permis de parcourir le jour du sabbat : deux mille coudées, d'après la tradition rabbinique.
2. La liste des onze se présente comme une pièce rapportée et intercalée dans le récit. Cf. *Luc*, VI, 14-16
3. Pierre apparaît dès l'abord comme le chef des apôtres et de tout le groupe croyant.
4. Référence à *Luc*, XXII, 47.
5. On peut voir, touchant la mort de Judas, une autre légende dans *Matthieu*, XXVII, 3-10, où une origine différente est attribuée au mot Akeldama.
6. *Psaumes* LXIX, 26 ; CIX, 8.
7. Cette définition du témoignage apostolique est pour autoriser la tradition de l'Église touchant la vie, l'enseignement, la mort et la résurrection de Jésus, tels qu'ils sont consignés dans le troisième évangile et dans les Actes.
8. Le « lieu » qui convient à Judas mort ne peut être que l'enfer.
9. Il fallait qu'il y eût douze apôtres à recevoir le saint Esprit. On recourt à un coup de dés pour connaître l'élu de Dieu, parce que Jésus n'est plus là pour le désigner et que les Onze n'ont pas encore le saint Esprit pour le choisir.

LA DESCENTE DE L'ESPRIT ET LE DISCOURS DE PIERRE

Et comme s'accomplissait le jour de la pentecôte,
ils étaient tous ensemble en même lieu ;
et il y eut tout à coup du ciel bruit,
comme de vent violent survenant,
qui remplit toute la maison où ils étaient assis.
Et leur apparurent des langues partagées, comme de feu,
et il s'en posa (une) sur chacun d'eux ;
et ils furent tous remplis d'Esprit saint,
et ils se mirent à parler en autres langues,
selon ce que l'Esprit saint leur donnait d'énoncer.
Or il y avait, séjournant à Jérusalem, des Juifs,
hommes pieux de toutes les nations qui sont sous le ciel ;
et étant advenu ce bruit,
la foule s'assembla et fut en confusion,
parce que chacun les entendait en sa propre langue parler.

Et ils étaient stupéfaits et s'étonnaient, disant :
« Est-ce que tous ceux-là qui parlent ne sont pas Galiléens ?
Comment se fait-il que nous les entendons chacun
en notre langue maternelle ?
Parthes, Mèdes, Élamites,

LA DESCENTE DE L'ESPRIT ET LE DISCOURS DE PIERRE

habitants de la Mésopotamie, de la Judée et de la Cappadoce,
du Pont et de l'Asie, de la Phrygie et de la Pamphylie,
de l'Égypte et des cantons de la Lybie auprès de Cyrène,
Romains résidants, Juifs et prosélytes, Crétois et Arabes,
nous les entendons dire en nos langues les merveilles de Dieu [1]. »

Et tous étaient stupéfaits et ne savaient que penser,
l'un à l'autre se disant :
« Qu'est-ce que cela peut être ? »
Mais d'autres, se moquant, disaient :
« Ils sont soûls de vin doux [2]. »
Or Pierre, se présentant,
avec les onze,
éleva la voix
et les harangua :
« Hommes Juifs,
et vous tous qui séjournez à Jérusalem,
que ceci vous soit connu,
et prêtez l'oreille à mes paroles.
Car ce n'est pas, comme vous supposez,
que ceux-là soient ivres,
vu qu'il est la troisième heure du jour ;
mais c'est ce qui a été dit par le prophète Joël :
ET IL ARRIVERA dans les derniers jours, dit Dieu,
QUE JE RÉPANDRAI DE MON ESPRIT SUR TOUTE CHAIR ;
ET PROPHÉTISERONT VOS FILS ET VOS FILLES,
ET VOS JEUNES GENS VISIONS VERRONT,
ET VOS VIEILLARDS SONGES SONGERONT.
ET CERTES SUR MES SERVITEURS ET SUR MES SERVANTES,
EN CES JOURS-LA, JE RÉPANDRAI DE MON ESPRIT,
et ils prophétiseront.
ET JE FERAI PRODIGES AU CIEL, EN HAUT,
ET SIGNES SUR LA TERRE, EN BAS,
SANG, FEU, NUAGE DE FUMÉE,
LE SOLEIL SE CHANGERA EN TÉNÈBRES,
ET LA LUNE EN SANG,
AVANT QU'ARRIVE LE JOUR DE SEIGNEUR,

LE GRAND ET LE REMARQUABLE.
ET ADVIENDRA QUE QUICONQUE INVOQUERA LE NOM DE SEIGNEUR
SERA SAUVÉ [3].

Hommes Israélites,
écoutez ces paroles :
Jésus le Nazoréen [4],
homme autorisé de Dieu près de vous,
par miracles, prodiges et signes
qu'a faits par lui Dieu au milieu de vous,
comme vous-mêmes savez,
C'est lui, livré par volonté déterminée et prescience de Dieu,
que, (le) crucifiant, par mains d'infidèles, vous avez fait périr ;
Dieu l'a ressuscité,
rompant les douleurs de la mort,
attendu que point n'était possible
qu'il restât au pouvoir de celle-ci,
Car David dit de lui :
« JE VOYAIS LE SEIGNEUR DEVANT MOI TOUJOURS,
PARCE QU'IL EST À MA DROITE, POUR QUE JE NE BRANLE PAS.
C'EST POURQUOI S'EST RÉJOUI MON CŒUR, ET A EXULTÉ MA LANGUE,
ET AUSSI MA CHAIR MÊME SE REPOSERA EN ESPÉRANCE ;
PARCE QUE TU N'ABANDONNERAS PAS MON ÂME À L'ENFER
ET TU NE LAISSERAS PAS TON SAINT VOIR POURRITURE.
TU M'AS FAIT CONNAITRE CHEMINS DE VIE,
TU ME REMPLIRAS DE JOIE PAR TON ASPECT [5]. »

Hommes frères,
soit permis de vous dire avec assurance,
du patriarche David,
qu'il est mort et qu'il a été enterré,
et que son tombeau est parmi nous jusqu'à ce jour.

C'est donc en tant que prophète, et sachant que PAR SERMENT LUI AVAIT JURÉ
Dieu que FRUIT DE SON FLANC S'ASSIÉRAIT SUR SON TRÔNE [6],
que par prévision il a parlé de la résurrection du Christ,
(disant) qu'il N'A PAS ÉTÉ ABANDONNÉ EN ENFER,
et que sa chair N'A PAS VU POURRITURE.

C'est ce Jésus qu'a ressuscité Dieu, nous en sommes témoins.
Exalté donc par la droite de Dieu
et ayant reçu l'Esprit saint promis,
de la part du Père il a répondu ceci,
que vous voyez et que vous entendez.
Car David n'est pas monté aux cieux, mais il dit lui-même
« A DIT SEIGNEUR À MON SEIGNEUR :
« ASSIEDS-TOI À MA DROITE,
QUE JE FASSE DE TES ENNEMIS
UN ESCABEAU POUR TES PIEDS [7]. »
Connaisse donc en certitude toute la maison d'Israël
que Dieu l'a fait et Seigneur et Christ,
ce Jésus que vous avez crucifié. »

Or, entendant cela, ils furent touchés au cœur,
et ils dirent à Pierre et aux autres apôtres :
« Que devons-nous faire, hommes frères ? »
Et Pierre leur dit :
« Repentez-vous,
et que soit baptisé chacun de vous
au nom de Jésus-Christ
pour rémission de vos péchés ;
et vous recevrez le don du saint Esprit.
Car pour vous est la promesse,
et pour vos enfants,
et pour tous CEUX QUI SONT AU LOIN,
AUTANT QU'EN APPELLERA SEIGNEUR votre Dieu [8]. »
Et par beaucoup d'autres paroles il les conjurait
et il les exhortait, disant :
« Sauvez-vous de cette génération perverse ! »
Eux donc, ayant accepté sa parole, furent baptisés,

et s'adjoignirent ce jour-là
environ trois mille âmes [9] ;
Et ils étaient assidus à la prédication des apôtres
et à la communauté,
à la fraction du pain et aux prières.

Or il y avait en toute âme crainte ;
et nombreux prodiges et signes par les apôtres se faisaient ;
et tous les croyants, en même société,
avaient tout commun ;
ils vendaient leurs propriétés et leurs biens,
et ils les distribuaient à tous,
selon que chacun avait besoin[10].

Et chaque jour ensemble assidus au temple,
et rompant le pain à la maison,
ils prenaient nourriture en joie et simplicité de cœur,
louant Dieu
et ayant faveur auprès de tout le peuple.
Et le Seigneur adjoignait des sauvés
chaque jour à la communauté.

---

1. Inauguration mythique de l'apostolat et de l'Église, du règne de l'Esprit. La glossolalie qui a existé dans les tout premiers temps du christianisme était censée un don de l'Esprit, mais c'était un parler inintelligible ; voir *I Corinthiens*, XIV. On en fait ici, pour symboliser l'apostolat universel, le don de parler toutes les langues des hommes (même interprétation dans le cantique de la charité, qui a été introduit dans *I Corinthiens*, XIII).
2. D'après *I Corinthiens*, XIV, 23, les glossolales font sur les non-croyants impression de « fous ».
3. *Joël*, III, 1-5. Dans les Actes, et l'on peut dire dans tout le Nouveau Testament, les citations de l'Ancien Testament se font en général assez librement et plus ou moins ou même tout à fait à contresens, pour le besoin de l'adaptation. On peut noter ici de menues additions, et l'application à Jésus du mot « Seigneur », qui, dans la prophétie, désigne Iahvé, change la perspective. Dans la présente traduction le mot « Seigneur » est employé sans article toutes les fois qu'il correspond à un *Kyrios* des Septante, également sans article, comme représentant le nom ineffable.
4. Le nom de « nazoréen » est celui par lequel les Juifs ont désigné d'abord la secte chrétienne. Le nom pourrait n'avoir aucun rapport avec la ville de Nazareth ; mais c'est un nom de secte plutôt qu'un titre personnel à Jésus.
5. *Psaume* XVI, 8-11. Le psalmiste, qui n'est point David, y exprime ses sentiments personnels de confiance en Dieu.
6. Allusion à *II Samuel*, VII, 12 ; *Psaumes* LXXXIX, 4-5 ; CXXXII, 11 ; le serment en question concerne Salomon et ses successeurs sur le trône de Juda.

7. *Psaume*, CX, 1. La traduction exacte de l'hébreu serait : « Iahvé a dit à mon maître. » Le « maître » en question est un roi judéen.
8. Allusion à *Isaïe*, LVII, 19 ; *Joël*, III, 5, suite du passage plus haut cité. Le discours de Pierre, dans son ensemble, est un spécimen d'ancienne démonstration chrétienne et d'apologétique contre les Juifs.
9. Inutile d'insister sur l'exagération du chiffre, qui convient au caractère fictif du récit.
10. Anticipation et doublet de ce qu'on lira plus loin.

LA GUÉRISON DU PARALYTIQUE — PIERRE ET JEAN DEVANT LE SANHÉDRIN

Or Pierre et Jean [1] montaient au temple
pour la prière de la neuvième heure [2] ;
et un homme, paralysé depuis le sein de sa mère, était apporté,
que l'on déposait chaque jour
près de la porte du temple appelée Belle,
pour demander aumône
à ceux qui entraient dans le temple.

Voyant Pierre et Jean
qui allaient entrer au temple,
il les pria pour recevoir aumône ;
mais Pierre, *le fixant,*
avec Jean, dit : « *Regarde*-nous. »
Et *il les regardait,*
s'attendant à recevoir quelque chose d'eux ;
mais Pierre dit :
« Ni argent ni or je ne possède ;
mais ce que j'ai, je te le donne :
au nom de Jésus-Christ le Nazoréen, marche. »

LA GUÉRISON DU PARALYTIQUE — PIERRE ET JEAN DEVA... 67

Et lui prenant la main droite,
il le fit lever :
or à l'instant s'affermirent ses jambes et ses pieds,
et d'un bond il fut debout et marcha ;
et il entra avec eux dans le temple,
marchant, sautant et louant Dieu.
Et tout le peuple le vit
qui marchait et louait Dieu ;
Or on le reconnaissait
comme celui qui pour l'aumône s'asseyait
près la porte Belle du temple ;
et on était plein d'étonnement et de surprise
pour ce qui lui était arrivé.

Mais comme il tenait Pierre et Jean,
tout le peuple accourut vers eux
au portique dit de Salomon,
fort en émoi.
Ce que voyant, Pierre s'adressa au peuple [3] :
« Hommes Israélites,
pourquoi vous étonner au sujet de celui-ci,
et pourquoi nous regarder
comme si par propre puissance et piété nous avions fait
qu'il marche ?

LE DIEU D'ABRAHAM, D'ISAAC ET DE JACOB, LE DIEU DE NOS PÈRES
   A GLORIFIÉ SON SERVITEUR Jésus [4],
que vous avez livré, vous, et renié
devant Pilate décidant de le relâcher.
Mais vous, vous avez renié le saint et le juste,
et vous avez demandé que d'un assassin l'on vous fît don [5] ;
vous avez tué le chef de la vie,
que Dieu a ressuscité des morts :
nous en sommes témoins.

Et par la foi en son nom, celui-ci,
que vous voyez et connaissez,
son nom l'a mis sur pied,

et la foi par lui (opérée) a donné à celui-ci
cette parfaite guérison devant vous tous.
Et maintenant, frères,
je sais que par ignorance vous avez agi,
tout comme aussi vos magistrats ;
mais, ce que Dieu avait prédit par la bouche de tous ses prophètes,
que souffrirait son Christ,
il l'a accompli ainsi.

Repentez-vous donc et convertissez-vous,
afin que soient effacés vos péchés,
de façon qu'arrivent temps de soulagement de devant le Seigneur,
et qu'il envoie le Christ à vous prédestiné, Jésus,
que le ciel doit recevoir jusqu'aux temps de la restauration de tout,
qu'a prédits Dieu jadis par la bouche de ses saints prophètes.

Moïse d'abord a dit :
« SEIGNEUR VOTRE DIEU VOUS SUSCITERA PROPHÈTE,
D'ENTRE VOS FRÈRES, COMME MOI ;
ÉCOUTEZ-LE EN TOUT CE QU'IL VOUS DIRA ;
MAIS TOUTE PERSONNE QUI N'ÉCOUTERA PAS CE PROPHÈTE-LÀ
SERA EXTERMINÉE DU PEUPLE [6]. »
Aussi bien tous les prophètes depuis Samuel,
et tous ceux qui ensuite ont parlé,
ont de même annoncé ces jours.

Vous êtes les fils des prophètes et
de l'engagement que Dieu a contracté envers vos pères,
disant à Abraham :
« ET EN TA POSTÉRITÉ SERONT BÉNIES TOUTES LES FAMILLES DE LA TERRE [7]. »
C'est à vous d'abord que Dieu,
suscitant son serviteur,
l'a envoyé pour vous bénir,
en sorte que vous vous convertissiez chacun de vos méchancetés. »

Or, pendant qu'ils parlaient au peuple,
les accostèrent les prêtres, le stratège du temple et les sadducéens [8],
vexés de ce qu'ils enseignaient le peuple
et prêchaient en Jésus la résurrection des morts ;
et ils portèrent sur eux les mains,
et ils les mirent en prison pour le lendemain [9] ;
car il était déjà tard.
Et beaucoup de ceux qui avaient entendu la parole crurent ;
et le nombre des hommes fut d'environ cinq mille [10].

Et advint, le lendemain,
que s'assemblèrent leurs magistrats,
les anciens et les scribes, à Jérusalem,
et Annas le grand-prêtre [11],
Caïphe, Jean, Alexandre,
et tous ceux qui étaient de famille pontificale :
et les ayant fait comparaître, *ils demandèrent* :
« *Par quel pouvoir*
ou en quel nom
avez-vous fait cela, vous [12] ? »
Alors Pierre, rempli d'Esprit saint, *leur dit.*
Magistrats du peuple et anciens,
puisque nous sommes aujourd'hui interrogés
sur le bien fait à un infirme,
quant à la façon dont il a été guéri,
soit connu de vous tous
et de tout le peuple d'Israël,
que *par le nom de Jésus-Christ le Nazoréen,*
— que vous avez, vous, crucifié,
que Dieu a ressuscité des morts, —
par lui *celui-ci se trouve devant vous en santé.*

C'est lui LA PIERRE DÉDAIGNÉE PAR VOUS LES ARCHITECTES,
QUI EST DEVENUE TÊTE D'ANGLE [13],
Et n'est en aucun autre le salut ;
aussi bien n'est-il nom autre,
donné sous le ciel parmi les hommes,
par lequel il nous faille être sauvés. »

Or, voyant l'assurance de Pierre, et de Jean,
et comprenant que c'étaient hommes illettrés
et du commun,
ils étaient étonnés, et *ils s'apercevaient
qu'ils avaient été avec Jésus* [14],
et, voyant l'homme avec eux, debout, qui avait été guéri,
ils n'avaient rien à répliquer.

Mais, ayant ordonné qu'on les fît sortir de l'assemblée,
ils délibéraient entre eux, disant :
« Que ferons-nous à ces hommes-là ?
Car, que miracle certain soit advenu par eux,
c'est pour les habitants de Jérusalem chose évidente,
et nous ne (le) pouvons nier ;
mais, pour que (cela) ne se répande pas davantage parmi le peuple,
prescrivons-leur sévèrement de ne plus parler
en ce nom à personne. »

Et les faisant appeler, ils *leur enjoignirent strictement
de ne point parler* ni enseigner *au nom de Jésus* [15].
Mais Pierre et Jean, répondant, leur dirent
« S'il est juste devant Dieu,
de vous écouter plutôt que Dieu,
jugez-en.
Car nous ne pouvons pas, quant à nous,
ne pas dire ce que nous avons vu et entendu. »

*Et leur ayant fait menaces, ils les renvoyèrent,
ne trouvant aucun moyen de les punir,
à cause du peuple,
parce que tous glorifiaient Dieu de l'événement ;
car c'était un homme de plus de quarante ans,
en qui était arrivé ce miracle de guérison* [16].

Or, ayant été relâchés, ils vinrent aux leurs
et ils racontèrent tout ce que les grands prêtres
et les anciens leur avaient dit.
Et eux, l'ayant entendu, élevèrent unanimement la voix vers Dieu

et ils dirent : « Maître,
QUI AS FAIT LE CIEL, LA TERRE, LA MER
ET TOUT CE QU'ILS CONTIENNENT [17],

C'est toi qui, par la bouche de David ton serviteur, as dit :
« POURQUOI LES NATIONS ONT-ELLES FRÉMI
ET LES PEUPLES ONT-ILS MÉDITÉ DE VAINS (PROJETS) ?
LES ROIS DE LA TERRE SE SONT PRÉSENTÉS,
ET LES CHEFS SE SONT RÉUNIS ENSEMBLE
CONTRE LE SEIGNEUR ET CONTRE SON OINT [18]. »

Car ILS SE SONT RÉUNIS, en réalité, dans cette ville,
contre ton saint serviteur Jésus,
que tu as oint,
Hérode et Ponce Pilate,
avec NATIONS ET (avec) PEUPLES d'Israël,
pour faire tout ce dont ta main et ta volonté avaient prédéterminé l'événement.

Et maintenant, Seigneur,
vois à leurs menaces,
et donne à tes serviteurs
de dire en toute assurance ta parole
en étendant ta main
pour que guérison, signes et miracles arrivent
par le nom de ton saint serviteur Jésus [19]. »

Et leur prière faite,
l'endroit où ils étaient réunis trembla ;
et ils furent tous remplis du saint Esprit
et ils disaient la parole de Dieu avec assurance.

---

1. La mention de Jean est partout une surcharge dans ce récit. Il semble que l'intrusion de Jean soit en rapport avec une préoccupation du rédacteur en faveur de la légende éphésienne concernant l'apôtre Jean et le quatrième évangile. Le récit de Luc touchant la guérison du paralytique ne comportait ni discours de Pierre ni comparution devant le sanhédrin, mais une simple intervention de la police du temple pour interdire de parler au nom de Jésus.

2. La neuvième heure est trois heures après-midi, et la prière était en rapport avec le sacrifice du soir.
3. Ce nouveau discours de Pierre a le même caractère que celui de la pentecôte.
4. Formules empruntées à *Exode*, III, 6 ; *Isaïe*, LII, 13 ; LIII, 11. C'est par référence à Isaïe que Jésus est appelé « serviteur » de Dieu.
5. Allusion à *Luc*, XXIII, 13-25.
6. *Deutéronome*, XVIII, 15-19, à quoi l'on ajuste *Lévitique*, XXIII, 29. Le Deutéronome ne parle pas du Messie, mais des prophètes que Iahvé doit susciter après Moïse parmi son peuple.
7. *Genèse*, XXII, 18. Le texte signifie que les nations se souhaiteront mutuellement en manière de bénédiction la prospérité dont jouiront les Israélites : on entend ici que tous les peuples de la terre, Juifs compris, seront sauvés par la foi au Christ, descendant d'Abraham.
8. L'adjonction des sadducéens, parti politico-religieux, aux prêtres chargés de la police du temple, dénonce le travail rédactionnel. Selon le rédacteur, les chrétiens, pour ce qui est de la croyance, s'accordent en principe avec les "pharisiens, qui croient à la résurrection, et ils n'ont contre eux que les sadducéens, une secte juive qui n'est point orthodoxe, puisqu'elle n'admet pas la résurrection des morts.
9. Élargissement de la mise en scène pour amener une séance du sanhédrin avec discours.
10. Noter encore l'invraisemblable exagération du chiffre.
11. Annas a été grand-prêtre de l'an 6 à l'an 15 de notre ère ; il ne l'était plus à la date où se place notre récit ; Caïphe, qui a occupé le pontificat de l'an 18 à l'an 36, devait être encore en charge.
12. Les mots en italique représentent la question qu'ont faite dès l'abord le stratège du temple et les prêtres de garde, et la réponse de Pierre ; c'est pourquoi cette réponse vise directement l'homme qui vient d'être guéri.
13. *Psaume* CXVIII, 22. Ce texte a été introduit de bonne heure dans la tradition évangélique, où la citation est prêtée à Jésus lui-même (*Marc*, XII, 10 ; *Matthieu*, XXI, 42 ; *Luc*, XX, 17). Dans la pensée du psalmiste, il s'agissait d'Israël.
14. Les mots en italique s'accordent fort mal avec leur contexte actuel : débris du récit primitif, où les prêtres de garde s'apercevaient, à la réponse de Pierre, qu'ils avaient devant eux un disciple de Jésus.
15. Les mots en italique représentent la défense faite à Pierre par les prêtres de garde ; la réponse de Pierre, qui se rapporte à la prédication, est rédactionnelle.
16. Conclusion du récit primitif.
17. *Psaume*, CXLVI, 6.
18. *Psaume*, II, 1-2. Un des principaux textes messianiques. On voit que le rédacteur a su y reconnaître la comparution de Jésus devant Hérode ; mais c'est plutôt le texte du psaume qui aura suggéré cet incident de la passion (*Luc*, XXIII, 6-12). Par lui-même, le psaume concerne le roi de Juda.
19. Spécimen de prière chrétienne, avec doublet de la pentecôte.

L'UNION DES FRÈRES ET LA MISE EN COMMUN DE LEURS BIENS

Or la multitude des croyants n'avait qu'un cœur et qu'une âme,
et pas un ne disait que rien de ce qui lui appartenait fût sien,
mais tout leur était en commun [1].
Et avec grande force les apôtres rendaient le témoignage
[à la résurrection du Seigneur Jésus [2] ;]
et faveur grande était sur eux tous.

Car il n'était aucun indigent parmi eux ;
car tous ceux qui possédaient terres ou maisons,
(les) vendant, apportaient le produit de la vente
et le déposaient aux pieds des apôtres ;
puis l'on distribuait à chacun ce dont il avait besoin.

Or *Joseph, surnommé Barnabé* par les apôtres,
ce qui signifie « fils de consolation »,
lévite, originaire de Chypre,
qui avait un champ,
l'ayant vendu, en apporta le prix
et le déposa aux pieds des apôtres [3].

Mais certain homme appelé Ananie,
avec Saphire sa femme, vendit un bien,
et il fit détournement sur le prix,
en étant complice aussi la femme ;
et en apportant une part,
aux pieds des apôtres, il la déposa.

Or, Pierre dit : « Ananie,
pourquoi Satan a-t-il rempli ton cœur
(au point que) tu aies menti à l'Esprit saint
et fait détournement sur le prix du champ ?
Est-ce que (le bien), restant, ne restait pas à toi ;
et, vendu, à ta disposition ne demeurait pas ?
Comment est-ce que tu as résolu en ton cœur cette action ?
Tu n'as pas menti à hommes, mais à Dieu. »

Et quand Ananie entendit ces paroles,
tombant, il expira.
Et il y eut frayeur grande sur tous ceux qui avaient entendu.
Mais, s'étant levés, les plus jeunes l'enveloppèrent,
et, l'ayant emporté, ils l'enterrèrent.

Or, après trois heures environ d'intervalle,
sa femme aussi, ne sachant pas l'événement,
entra.
Et Pierre lui demanda :
« Dis-moi, est-ce tant que vous avez vendu le champ ? »
Et elle dit : « Oui, c'est tant. »
Et Pierre lui dit :
« Qu'aviez-vous à vous concerter
pour éprouver l'Esprit de Seigneur ?
Voici les pas de ceux qui ont enterré ton mari, à la porte,
et ils vont t'emporter. »

Or elle tomba aussitôt à ses pieds et expira ;
et entrant, les jeunes gens la trouvèrent morte ;
et l'ayant emportée, ils l'enterrèrent près de son mari.
Et il y eut frayeur grande sur la communauté entière
et sur tous ceux qui ouïrent ces choses [4]

Or par les mains des apôtres arrivaient signes
et prodiges nombreux dans le peuple.
Et ils étaient tous ensemble au portique de Salomon ;
Et des autres nul n'osait s'attacher à eux,
mais le peuple les célébrait ;
et de plus en plus s'adjoignaient des croyants au Seigneur [5],
quantité d'hommes et de femmes :

À tel point que dans les places on apportait les malades
et les déposait sur couchettes et grabats,

afin que, Pierre passant, (son) ombre du moins couvrît quelqu'un d'eux [6].

Et la foule accourait aussi des villes alentour de Jérusalem,
portant malades et (gens) tourmentés d'esprits impurs,
qui guérissaient tous.

---

1. La notice générale touchant la communauté de biens qui existait dans le premier groupe chrétien paraît primitive relativement à ce qu'on lit ensuite sur la vente générale des biens et la terrible aventure d'Ananie et de Saphire. De ce développement on peut retenir que les Douze étaient administrateurs de la communauté.
2. Les mots entre crochets semblent être une glose explicative.
3. De la notice relative à Barnabé il faut retenir seulement les mots : « Joseph, dit Barnabé, lévite (?), originaire de Chypre », dont la place est ailleurs. Le reste prélude au travestissement que le rédacteur fera du rôle de Barnabé dans la fondation de la communauté antiochienne.
4. Cette affreuse histoire est imitée de celle d'Acan dans le livre de Josué (VII). Le rédacteur, qui l'a recueillie, à moins qu'il ne l'ait lui-même inventée, veut apprendre aux croyants par ce tragique exemple qu'on ne se moque pas de l'Esprit qui règne dans les communautés et qui parle par la bouche de leurs chefs.
5. Quelques lignes de ce développement semblent à retenir comme caractérisant exactement la situation du premier groupe chrétien à l'égard de la masse des Juifs : les disciples de Jésus fréquentent le temple pour la prière, mais ils s'y tiennent à part et ne font aucun acte de propagande ; le peuple les vénère comme des gens très pieux, et le recrutement de la communauté se fait ailleurs, dans les conversations privées.
6. On trouvera une fiction parallèle à propos de Paul.

ARRESTATION DES DOUZE ET LEUR COMPARUTION DEVANT LE SANHEDRIN

Mais[1] Annas le grand-prêtre et tous ceux d'avec lui,
c'est-à-dire la secte des saducéens,
se remplirent de jalousie,
ils portèrent les mains sur les apôtres
et ils les mirent en prison publique.

Or un ange de Seigneur, la nuit,
ouvrit les portes de la prison,
et les ayant fait sortir, dit : « Allez,
et, vous présentant, dites dans le temple au peuple
toutes ces paroles de vie. »

Ce qu'ayant entendu, ils entrèrent
dès le point du jour au temple et enseignèrent.
Et le grand-prêtre étant arrivé, ainsi que ceux d'avec lui,
ils convoquèrent le sanhédrin et tout le sénat des fils d'Israël,
et ils envoyèrent à la prison pour qu'on les amenât.

Mais, arrivés, les sergents ne les trouvèrent pas dans la prison.
et s'en étant revenus, ils firent rapport, disant :
« Nous avons trouvé la prison fermée comme il faut,

et les gardes en faction aux portes ;
mais, ayant ouvert, personne dedans nous n'avons trouvé. »

Et quand eurent ouï ces paroles le stratège du temple et les grands-prêtres,
ils étaient en peine de savoir ce que cela pouvait être.
Mais quelqu'un, arrivant, leur annonça :
« Voilà les hommes que vous aviez mis en la prison
qui se tiennent dans le temple et enseignent le peuple. »

Alors étant parti, le stratège, avec les sergents, les amena,
sans violence,
car ils avaient peur que le peuple
ne les lapidât ;
et les ayant amenés, ils les introduisirent devant le sanhédrin.

Et le grand-prêtre les interrogea, disant :
« Nous vous avions expressément interdit d'enseigner en ce nom [2],
et voici que vous avez rempli Jérusalem de votre enseignement
et que vous voulez amener sur nous le sang de cet homme. »

Mais, répondant, Pierre et les apôtres dirent :
« Il faut obéir à Dieu plutôt qu'aux hommes,
Le Dieu de nos pères a ressuscité Jésus,
que vous aviez, vous, fait mourir en le SUSPENDANT À BOIS [3].
C'est lui que Dieu a exalté (comme) chef et sauveur, par sa droite,
pour accorder repentance à Israël et rémission de péchés.
Et nous sommes, nous, témoins de ces choses,
ainsi que l'Esprit saint,
qu'a donné Dieu à ceux qui lui obéissent. »

Et eux, entendant (cela), étaient exaspérés
et ils se proposaient de les mettre à mort.
Mais, se levant dans le sanhédrin, un pharisien nommé Gamaliel [4],
docteur de la Loi honoré de tout le peuple,
ordonna de mettre dehors un moment les hommes,

Et il leur dit :
« Hommes Israélites,

prenez garde,
en ce qui concerne ces gens-là,
à ce que vous allez faire.
Car naguère s'est levé Theudas,
se disant être quelqu'un [5],
à qui s'attacha groupe d'environ quatre cents hommes ;
il fut tué, et tous ceux qui l'avaient écouté
ont été dissipés et sont venus à rien.

Après lui s'est levé Judas le Galiléen,
au temps du recensement,
et il détourna du monde à sa suite :
celui-là aussi a péri
et tous ceux qui l'avaient écouté ont été dispersés.

Et maintenant je vous dis :
écartez-vous de ces hommes et laissez-les ;
parce que, si des hommes est cette entreprise
ou cette œuvre, elle s'écroulera ;
mais, si elle est de Dieu, vous ne pourrez les abattre,
et aussi bien en lutte contre Dieu vous trouveriez-vous. »

Ils se rendirent à son avis ;
et ayant fait appeler les apôtres,
après fustigation ils leur défendirent de parler au nom de Jésus,
et ils les renvoyèrent.
Eux donc s'en allèrent joyeux de devant le sanhédrin,
parce qu'ils avaient eu l'honneur, à cause du nom,
de subir ignominie.
Et chaque jour, dans le temple et en maison,
ils ne cessaient d'enseigner,
et de prêcher le Christ Jésus.

---

1. Doublet du récit antérieur concernant Pierre et Jean. Même économie de la fiction, avec, en plus, le miracle de libération par l'ange.
2. Le grand-prêtre se réfère à la défense faite à Pierre et à Jean.
3. Référence implicite à *Deutéronome*, XXI, 22-23. passage relatif aux crucifiés, interprété conformément à l'exégèse de *Galates*, III, 13.
4. Sur le sens que le rédacteur a voulu mettre dans l'intervention de Gamaliel, et les anachronismes dont il a émaillé son discours, voir plus haut (Introduction). Gamaliel

l'Ancien est un rabbin assez réputé dans le Talmud, qu'une tradition douteuse fait petit-fils du grand Hillel. Cette célébrité juive, contemporaine de l'âge apostolique, est ici exploitée sans scrupule ; Gamaliel sera dit plus loin maître de Paul, et peu s'en faut qu'on ne fasse de lui le grand-père du christianisme.

5. La formule : « se disant être quelqu'un », est vague à dessein ; on la retrouvera bientôt à propos de Simon le Magicien. Pour la tradition chrétienne ce sont de faux Messies. Mais il n'est pas sans signification que Jésus soit implicitement comparé à Judas le Galiléen et à Theudas, aventuriers messianiques.

Partie Deux
LES PREMIÈRES MISSIONS

L'ÉLECTION DES SEPT — ÉTIENNE

Or [1], en ces jours-là,
se multipliant les disciples,
il y eut murmure des Hellénistes contre les Hébreux,
sur ce qu'étaient négligées dans le service quotidien leurs veuves.

Mais les Douze, ayant convoqué l'assemblée des disciples, dirent :
« Il ne convient pas que nous (autres),
abandonnant la parole de Dieu,
servions aux tables.

Cherchez donc, frères,
sept hommes d'entre vous en bonne réputation
remplis d'Esprit et de sagesse,
que nous préposerons à cet office.
Quant à nous, à la prière et au service de la parole nous serons assidus. »
Et la proposition fut agréée de toute l'assemblée.

Et ils choisirent Étienne, homme rempli de foi,
Philippe, Prochore, Nicanor, Timon,
Parménas et Nicolas, prosélyte antiochien [2],

qu'ils présentèrent aux apôtres ;
et (ceux-ci), ayant prié, leur imposèrent les mains.

Et la parole de Dieu se répandait,
et se multipliait le nombre des disciples à Jérusalem grandement,
et grande foule de prêtres se soumettaient à la foi.
Cependant Etienne, rempli de grâce et de force,
faisait prodiges et signes grands parmi le peuple [3].

Mais se levèrent des gens de la synagogue dite des Libertins,
des Cyrénéens et des Alexandrins, et de ceux de Cilicie et d'Asie,
qui disputaient contre Etienne ;
et ils étaient incapables de résister à la sagesse
et à l'Esprit par lequel il parlait.

Alors ils subornèrent des hommes qui disaient :
« Nous l'avons ouï proférer paroles blasphématoires contre Moïse et (contre) Dieu [4]. »
Et ils excitèrent le peuple, les anciens et les scribes.
Et survenant ils l'enlevèrent
et ils le conduisirent au sanhédrin.

Et ils produisirent de faux témoins qui disaient :
« Cet homme ne cesse de proférer paroles contre le lieu saint et la Loi ;
car nous l'avons entendu dire
que ce Jésus le Nazoréen détruira ce lieu [5]
et changera les usages que nous a transmis Moïse. »
Et le regardant, tous ceux qui siégeaient dans le sanhédrin
virent son visage pareil à visage d'ange [6].
Et le grand-prêtre dit :
« *Est-ce que cela est ainsi ?* »
Et il dit [7] :

« Hommes frères et pères, écoutez.
LE DIEU DE LA GLOIRE [8] apparut à notre père Abraham,
qui était en Mésopotamie,
avant qu'il habitât à Harran,
et il lui dit :
« SORS DE TON PAYS ET DE TA PARENTÉ,

ET VIENS AU PAYS QUE JE TE MONTRERAI [9]. »

Étant alors sorti du pays des Chaldéens, il habita à Harran ;
et de là, après la mort de son père,
(Dieu) le fit passer en ce pays
que vous-mêmes maintenant habitez ;
et il ne lui DONNA PAS là en propriété
SEULEMENT UN PIED DE TERRE.

Et il promit de LE LUI DONNER EN POSSESSION
ET À SA POSTÉRITÉ APRÈS LUI [10], qui était sans enfant.
Et Dieu lui dit ainsi
que SA POSTÉRITÉ SÉJOURNERAIT EN PAYS ÉTRANGER
ET QU'ON L'ASSERVIRAIT ET LA MALTRAITERAIT QUATRE CENTS ANS.
« ET LE PEUPLE AUQUEL ILS SERONT ASSERVIS, JE (LE) JUGERAI, MOI,
dit Dieu ;
ET APRÈS CELA, ILS PARTIRONT ET ILS M'ADORERONT EN CE LIEU-CI [11]. »

Et il lui donna PACTE DE CIRCONCISION :
et ainsi (Abraham) engendra Isaac
et IL LE CIRCONCIT LE HUITIÈME JOUR [12] ;
et Isaac, Jacob ;
et Jacob, les douze patriarches.

Et les patriarches, JALOUX,
VENDIRENT JOSEPH POUR L'ÉGYPTE ;
et DIEU ÉTAIT AVEC LUI,
et il le tira de toutes ses peines,
et IL LUI DONNA FAVEUR et sagesse DEVANT PHARAON, ROI D'ÉGYPTE ;
(et celui-ci) L'ÉTABLIT CHEF SUR L'ÉGYPTE [13]
et sur toute sa maison.

OR ADVINT FAMINE SUR TOUTE
L'ÉGYPTE et sur CANAAN [14],

et détresse grande,
et nos pères ne trouvaient pas de provisions.
ET JACOB, AYANT APPRIS QU'IL Y AVAIT DES VIVRES EN ÉGYPTE [15]
y envoya nos pères une première fois ;
et la seconde fois,
JOSEPH SE FIT CONNAÎTRE À SES FRÈRES [16],
et fut révélée à Pharaon l'origine de Joseph.

Et Joseph envoya chercher Jacob son père,
et toute la famille, DE SOIXANTE-QUINZE PERSONNES [17] ;
et Jacob DESCENDIT EN ÉGYPTE [18],
et il mourut, ainsi que nos pères ;
et ILS FURENT TRANSPORTÉS À SICHEM,
et ils furent déposés dans LE TOMBEAU
QU'AVAIT ACHETÉ ABRAHAM, à prix d'argent,
DES FILS D'HÉMOR EN SICHEM [19].

Or, à mesure qu'approchait le temps de la promesse
qu'avait jurée Dieu à Abraham,
le peuple s'accrut et multiplia en Égypte,
jusqu'à ce que S'ÉLEVA UN AUTRE ROI SUR L'ÉGYPTE,
QUI NE CONNAISSAIT PAS JOSEPH :
celui-là, RUSANT CONTRE notre RACE,
MALTRAITA nos pères [20],
faisant exposer leurs enfants
pour qu'ils ne vécussent point.

C'est en ce temps que naquit Moïse,
et il était BEAU à Dieu [21] ;
il fut nourri trois mois
dans la maison de son père ;
puis, ayant été exposé,
LA FILLE DE PHARAON L'EMPORTA,
et elle le fit élever COMME SON FILS [22].
Et Moïse fut instruit en toute sagesse des Égyptiens,
et il était puissant en ses paroles et en ses œuvres [23].

Mais, quand lui fut accomplie la quarantaine,
il lui vint au cœur de visiter SES FRÈRES,
LES FILS D'ISRAËL [24].
Et en ayant vu un qu'on maltraitait, il intervint,
et il fit vengeance à l'opprimé,
EN FRAPPANT L'ÉGYPTIEN [25].

Il pensait que ses frères comprendraient
que Dieu par sa main
leur donnait salut ;
mais ils ne comprirent pas [26].
Le lendemain, il se présenta à eux qui se querellaient,
et il voulait les remettre en paix, disant :
« Hommes, vous êtes frères ; pourquoi vous faire du mal entre vous ? »

Mais CELUI QUI MALTRAITAIT AUTRUI le repoussa, disant :
« QUI T'A ÉTABLI CHEF ET JUGE SUR NOUS ?
EST-CE QUE TU VEUX ME TUER
COMME TU AS TUÉ HIER L'ÉGYPTIEN ? »
ET MOÏSE S'ENFUIT À CETTE PAROLE,
ET IL DEVINT HABITANT AU PAYS DE MADIAN [27],
où il engendra deux fils.

Et s'étant accomplis quarante ans,
LUI APPARUT, AU DÉSERT DU MONT SINA,
ANGE DANS FLAMME DE FEU DE BUISSON [28].
Ce que voyant, Moïse fut surpris de l'apparition ;
et comme il approchait pour regarder,
il y eut voix de Seigneur :
« JE SUIS LE DIEU DE TES PÈRES,
LE DIEU D'ABRAHAM, D'ISAAC ET DE JACOB [29]. »
Mais, devenu tremblant, Moïse n'osait regarder.
ET SEIGNEUR LUI DIT :

« ÔTE LA CHAUSSURE DE TES PIEDS,
CAR LE LIEU OÙ TU TE TIENS EST TERRE SAINTE.

J'AI VU L'AFFLICTION DE MON PEUPLE QUI EST EN ÉGYPTE,
LEUR GÉMISSEMENT J'AI ENTENDU,
ET JE SUIS DESCENDU POUR LES DÉLIVRER ;
ET MAINTENANT VIENS, QUE JE T'ENVOIE EN ÉGYPTE [30]. »

C'est ce Moïse
qu'ils avaient renié, disant : « QUI T'A ÉTABLI CHEF ET JUGE ? »
c'est lui que Dieu a envoyé comme chef et rédempteur,
à la main de l'ange qui lui était apparu dans le buisson ;
c'est lui qui les fit sortir
en opérant PRODIGES ET SIGNES AU PAYS D'ÉGYPTE
et à la mer Rouge,
et AU DÉSERT PENDANT QUARANTE ANS [31].

C'est ce Moïse
qui a dit aux fils d'Israël :
« DIEU vous SUSCITERA PROPHÈTE,
D'ENTRE VOS FRÈRES, COMME MOI. [32] »
C'est lui qui fut dans l'assemblée au désert,
avec l'ange qui lui parlait sur le mont Sina [33],
et avec nos pères ;
lui qui reçut oracles vivants pour nous les donner.

À lui ne voulurent pas être obéissants nos pères,
mais ils le repoussèrent, et ils retournèrent dans leurs cœurs en Égypte,
DISANT À AARON :
« FAIS-NOUS DES DIEUX QUI MARCHENT DEVANT NOUS ;
CAR CE MOÏSE, QUI NOUS A FAIT SORTIR DU PAYS D'ÉGYPTE,
NOUS NE SAVONS CE QUI LUI EST ADVENU [34]. »

Et ils fabriquèrent un veau en ces jours-là,
et ils offrirent sacrifice à l'idole,
et ils firent fête aux œuvres de leurs mains.

Mais Dieu les tourna
et il les livra
au service de l'armée des cieux,
selon qu'il est écrit au livre des prophètes :
« EST-CE QUE VOUS M'AVEZ OFFERT VICTIMES ET SACRIFICES
DURANT QUARANTE ANS AU DÉSERT,
MAISON D'ISRAËL,
(QUAND) VOUS PRENIEZ LA TENTE DE MOLOCH
ET L'ÉTOILE DU DIEU ROMPHA
LES FIGURES QUE VOUS AVIEZ FAITES POUR LES ADORER ?
AUSSI VOUS TRANSPORTERAI-JE PAR DE LA BABYLONE [35].
La tente du témoignage fut à nos pères dans le désert,
comme l'avait prescrit CELUI QUI AVAIT DIT À MOÏSE
DE la FAIRE SELON LE MODÈLE QU'IL AVAIT VU [36].
L'ayant reçue, nos pères l'amenèrent aussi,
avec Josué, quand ils dépossédèrent les nations
que Dieu chassa devant nos pères, jusqu'aux jours de David.

Celui-ci trouva grâce devant Dieu,
et il demandait de TROUVER CAMPEMENT AU DIEU DE JACOB [37] ;
mais SALOMON LUI BÂTIT UNE MAISON [38].
Or ce n'est pas en bâtiments que le Très-Haut habite,
comme le prophète dit :
« LE CIEL M'EST TRÔNE,
ET LA TERRE EST ESCABEAU DE MES PIEDS.
QUELLE MAISON ME BATIREZ-VOUS,
DIT SEIGNEUR,
OU QUEL SERA LE LIEU DE MON REPOS ?
N'EST-CE POINT MA MAIN QUI A FAIT TOUT CELA [39] ? »

Gens au cou raide, incirconcis de cœurs et d'oreilles,
toujours à l'Esprit saint vous résistez :
tels (furent) vos pères, tels vous (êtes).
Est-il un prophète que n'aient pas persécuté vos pères ?

Ils ont tué ceux qui prédisaient la venue du Juste,
à l'égard duquel maintenant vous êtes devenus traîtres et assassins,
vous qui avez reçu la Loi en préceptes d'anges
et ne l'avez point observée. »

Or, entendant cela, ils étaient exaspérés dans leurs cœurs,
et ils grinçaient les dents contre lui ;
mais (lui), qui était rempli d'Esprit saint,
regardant le ciel, vit gloire de Dieu,
et Jésus debout à droite de Dieu ;
Et il dit : « *Je vois les cieux ouverts
et le Fils de l'homme debout à droite de Dieu.* »

Mais, criant à pleine voix, *ils se bouchèrent les oreilles*
et ils se précipitèrent tous ensemble sur lui ;
et l'ayant jeté hors de la ville, ils le lapidaient.
Et les témoins déposèrent leurs manteaux
aux pieds d'un jeune homme appelé Saul.
Et ils lapidaient Etienne, *qui priait et disait* :
« Seigneur Jésus, reçois mon esprit [40]. »
Et, s'étant mis à genoux, il cria à pleine voix :
« Seigneur, ne leur impute pas ce péché ! »
Et cela dit, il mourut.

---

1. Le mythe d'institution des « ministres des tables », c'est-à-dire des diacres, dissimule un fait capital dans l'histoire du christianisme primitif : le recrutement de croyants hellénistes, c'est-à-dire de Juifs parlant grec et qui n'avaient pas tout à fait le même esprit que les premiers croyants, dits Hébreux, qui parlaient araméen ; pour l'intelligence même de la fiction rédactionnelle, on doit supposer que les hellénistes ont formé bientôt un groupe distinct, dirigé par les Sept, et que c'est ce groupe seulement qui, compromis par l'initiative d'Étienne, a dû se disperser, ce qui eut pour conséquence la propagation du christianisme en dehors de la Judée. Le grand essor de la prédication chrétienne en dehors de la Palestine n'est pas venu des Douze : voilà ce que le rédacteur s'efforce maintenant de dissimuler, et d'autres fictions seront coordonnées à ce point de départ.
2. La liste des Sept peut être authentique, mais non leur ordination pour le diaconat. Le rédacteur, maintenant l'union des deux groupes, hébreu et helléniste, dans une seule communauté, représente les Douze comme constituant le corps presbytéral qui administre le spirituel de la communauté, tandis que les Sept figurent les diacres, préposés au temporel : type de l'organisation qui ne tarda pas, en effet, à être celle des communautés chrétiennes.
3. La suite du récit montre qu'Étienne faisait autre chose que des miracles : il prêchait le Christ dans les synagogues que les Juifs hellénistes avaient à Jérusalem.

L'ÉLECTION DES SEPT — ÉTIENNE

4. Cette première mention de témoins subornés anticipe sur le développement naturel de l'affaire. Il semble que, dans la relation de Luc, Étienne fût dénoncé au sanhédrin par certains de ceux contre lesquels il avait argumenté, et que le courageux propagandiste ait été lapidé en suite d'une condamnation régulièrement portée. Les surcharges introduisent une sorte d'émeute populaire et amènent une grande foule pour entendre le grand discours que le rédacteur a mis dans la bouche d'Étienne ; et l'exécution a l'air de se faire tumultuairement, sans qu'il y ait eu de jugement rendu. Une sentence motivée par les griefs énoncés dans l'accusation, et qu'on a lieu de croire authentiques, allait contre la thèse générale du rédacteur : que le christianisme est le pur judaïsme et que les fondateurs du christianisme ont été irréprochables devant la Loi. Etienne ne mourra pas pour offense à la Loi de Moïse ; il mourra pour avoir reproché aux Juifs leur séculaire infidélité.

5. Référence implicite à la parole prononcée par Jésus contre le temple et qui, après avoir trouvé place dans les plus anciens documents évangéliques, a embarrassé les derniers rédacteurs (*Marc*, XIV, 58 ; XV, 29 ; *Matthieu*, XXVI, 61 ; XXVII, 40; *Jean*, II, 19, où la parole est tournée et interprétée de façon à devenir inoffensive). Il n'est pas probable que cette référence vienne de la rédaction, puisque la parole a été omise dans le troisième évangile. Étienne aurait expliqué la parole de Jésus en ce sens, que le Christ, dans sa parousie, supprimerait l'économie nationale du culte juif et les observances mosaïques. Noter que les missionnaires qui, à Antioche, ont dispensé les Gentils de la circoncision, durent s'appuyer sur une croyance de ce genre.

6. L'apparence extatique d'Étienne est en rapport avec la vision du Fils de l'homme, qu'il affirme plus loin, cette assertion étant, dans la source, l'unique réponse par lui faite à la question du grand-prêtre.

7. Le discours prêté à Étienne ne soutient qu'un rapport très artificiel avec l'accusation. C'est le rédacteur des Actes qui entame devant ses lecteurs, chrétiens, ou païens non malveillants, le procès des Juifs : si les ancêtres des Juifs ont toujours été infidèles à la révélation de Dieu, il n'est pas étonnant que leurs descendants aient tué le Christ à eux envoyé par Dieu, et que les chrétiens soient maintenant les authentiques représentants de la vraie religion.

8. Voir *Psaume* XXIX, 3.
9. *Genèse*, XII, 1.
10. *Deutéronome*, II, 5 ; *Genèse*, XII, 7 ; XIII, 15 ; XVI, 8.
11. *Genèse*, XV, 13-14 ; *Exode*, III, 12, mais dans l'Exode, au lieu de « ce lieu-ci », Canaan, il y a « cette montagne », Horeb, où Iahvé se montre à Moïse.
12. *Genèse*, XVII, 10 ; XXI, 4.
13. *Genèse*, XXXVII, 11, 28 ; XXXIX, 21; XLI, 38, 39-41.
14. *Genèse*, XLI, 54 ; XLII, 5.
15. *Genèse*, XLII, 2.
16. *Genèse*, XLV, 1. D'après *Genèse*, XLI, 12, Pharaon aurait su dès l'abord que Joseph était hébreu.
17. *Genèse*, XLVI, 27, chiffre des Septante, l'hébreu donnant soixante-dix.
18. *Genèse*, XLVI, 1.
19. D'après *Genèse*, L, 12-13, Jacob fut transporté en Canaan, mais enterré à Hébron, avec Abraham, dans la caverne de Macpéla ; d'après *Exode*, XIII, 19, Moïse emporta les ossements de Joseph, et Josué les enterra à Sichem (*Josué*, XXIV, 32), dans le champ acheté jadis au fils d'Hémor, non par Abraham, mais par Jacob (*Genèse*, XXXIII, 19) ; il n'est pas question des autres fils de Jacob.
20. *Exode*, I, 7-8, 9.
21. *Exode*, I, 2.
22. *Exode*, II, 10.
23. C'est dans la tradition juive seulement qu'on a fait Moïse éloquent et savant (voir *Exode*, IV, 10-16).

24. *Exode*, II, 11. C'est aussi la tradition qui a découpé en parties égales les cent vingt ans que *Deutéronome*, XXXIV, 7, attribue à Moïse : les quarante dernières années étant réclamées pour le séjour au désert, on a donné quarante ans à la carrière égyptienne, et quarante ans au séjour en Madian.
25. *Exode*, II, 12.
26. De la pensée qui est ici prêtée à Moïse il résulte que, dans l'esprit de celui qui a écrit le discours d'Étienne, les actes des envoyés de Dieu sont significatifs de leur mission spirituelle. Le principe était applicable et il a été appliqué, notamment dans. le troisième évangile, aux gestes miraculeux de Jésus. Aussi bien est-ce pour la continuité du symbole que les deux Israélites qui se battent, d'après *Exode*, II, 13, ont l'air d'être ici, pour commencer, toute la nation, plus spécialement représentée dans celui qui résiste à Moïse (*Exode*, II, 14).
27. *Exode*, II, 15, 22. Mais, dans l'Exode, Moïse fuit la colère de Pharaon, tandis qu'il se retire ici devant l'aveuglement de son peuple, qu'on dira l'avoir renié.
28. *Exode*, III, 1-2.
29. *Exode*, III, 6.
30. *Exode*, III, 5, 7-8, 10 ; II, 24.
31. *Exode*, VII, 3 ; *Nombres*, XIV, 33.
32. *Deutéronome*, XVIII, 15.
33. Iahvé a parlé à Moïse par l'ange ; c'est pourquoi il sera dit que la Loi a été donnée par les anges (comparer *Galates*, III, 19; *Hébreux*, II, 2).
34. *Exode*, XXXII, 1, 23.
35. *Amos*, V, 25-27. Mais Amos a écrit : « par delà Damas », et l'on met ici « Babylone ». L'hébreu a été mal lu et mal traduit dans les Septante ; deux divinités astrales (ou deux noms d'une même divinité) y sont mentionnées : « Saccuth (?) votre roi, et Kêvan (Saturne) votre idole, l'astre de votre dieu, que vous vous êtes fait. »
36. *Exode*, XXV, 40.
37. *Psaume*, CXXXII, 5.
38. *I Rois*, VI, 1. L'auteur paraît vouloir dire, contrairement à *II Samuel*, VI, 1-8, que David s'était proposé seulement d'installer le tabernacle sur le mont Sion, mais que Salomon a prétendu loger Dieu dans un temple.
39. *Isaïe*, LXVI, 1-2.
40. La lapidation d'Étienne est deux fois mentionnée en suite de l'interpolation pratiquée pour attribuer un rôle à Saul.

DISPERSION DES CROYANTS HELLÉNISTES ET ÉVANGÉLISATION DE SAMARIE

Et Paul était consentant à son exécution.
Or il y eut en ce jour-là
persécution grande sur la communauté de Jérusalem ;
et tous se *dispersèrent* dans les cantons de la Judée et de la Samarie,
excepté les apôtres [1].

Mais des hommes pieux enterrèrent Étienne
et ils firent grand deuil sur lui [2].
Or Paul ravageait la communauté,
entrant de maison en maison,
et traînant hommes et femmes, il les mettait en prison.

Ceux-là donc, dispersés, s'en allaient annonçant la parole.
Mais Philippe, étant descendu à la ville de la Samarie, leur prêcha le Christ.
Or les gens étaient attentifs à ce que disait Philippe, unanimement l'écoutant,
et voyant les miracles qu'il faisait.
Car, de beaucoup qui en avaient, les esprits impurs,
criant à pleine voix, sortaient
et nombreux paralytiques et boiteux furent guéris ;

et ce fut grande joie en cette ville.

Or un homme appelé Simon était auparavant en ville,
exerçant magie et ébahissant le peuple de la Samarie,
qui se disait être quelqu'un de grand :
ils l'écoutaient tous, du petit au grand, disant :
« C'est lui la puissance de Dieu, qui est appelée grande. »
Or ils l'écoutaient
parce que longtemps de ses sorcelleries, il les avait ébahis.

Mais, quand ils eurent cru à Philippe
prêchant le règne de Dieu et le nom de Jésus-Christ,
ils se faisaient baptiser, hommes et femmes.
Et Simon lui-même aussi crut,
et, baptisé, il était assidu près de Philippe ;
et voyant signes et miracles grands se produire, il était émerveillé.

Or les apôtres qui étaient à Jérusalem, ayant appris
que la Samarie avait reçu la parole de Dieu,
leur envoyèrent Pierre et Jean,
qui, étant descendus, prièrent pour eux
afin qu'ils reçussent Esprit saint.
Car sur aucun d'eux il n'était encore tombé,
et ils étaient seulement baptisés au nom du Seigneur Jésus.

Alors ils leur imposèrent les mains
et ils reçurent Esprit saint.
Or Simon, voyant
que par l'imposition des mains des apôtres
était donné l'Esprit,
leur apporta de l'argent, disant
« Donnez aussi à moi ce pouvoir,
afin que celui à qui j'imposerai les mains reçoive Esprit saint. »

Mais Pierre lui dit :
« Ton argent avec toi soit en perdition,
puisque tu as pensé acheter le don de Dieu avec de l'argent !
Il ne t'est part ni lot en cette affaire ;
car ton cœur n'est pas droit devant Dieu.

Repens-toi donc de ce tien méfait,
et prie le Seigneur que te soit pardonné le dessein de ton cœur ;
car en fiel de malice et faisceau d'iniquité je te vois tourner. »

Et répondant, Simon dit :
« Intercédez vous-mêmes pour moi près du Seigneur,
afin que rien ne m'arrive de ce que vous avez dit. »
Eux donc, ayant rendu témoignage et dit la parole du Seigneur
retournèrent à Jérusalem,
et plusieurs bourgs des Samaritains ils évangélisèrent [3].

---

1. Le récit de Luc ignorait tout ce qui est ici raconté du rôle de Saul persécuteur à Jérusalem. Ce qui est dit de la persécution devient inintelligible : si la persécution était générale, les apôtres devraient être les premiers poursuivis ; en fait, et la suite le montrera, ce ne sont pas seulement les apôtres qui sont restés, mais le groupe hébreu tout entier ; seul le groupe helléniste a dû se dissoudre.
2. La notice relative a la sépulture d'Étienne vient trop tard et a toute la banalité d'un supplément rédactionnel.
3. Légende incohérente. Le rédacteur paraît avoir exploité un premier récit, d'ailleurs non historique, où Simon, magicien et faux Messie, émerveillé par les prodigieuses guérisons que faisait Philippe, voulait acheter de lui le pouvoir de faire de vrais miracles et était vertement repoussé par le prédicateur évangélique. Pour mettre en relief le privilège des apôtres, amplifiant d'abord la notice de Simon, il donne la formule théologique de sa prétention comme envoyé de Dieu et le présente comme ayant été baptisé par Philippe avec les Samaritains, mais sans recevoir le saint Esprit ; Pierre et Jean viennent, donnent le saint Esprit aux baptisés, et c'est le pouvoir spirituel, — dont on doit supposer dépourvue la secte de Simon, — que celui-ci voudrait maintenant acheter à Pierre ; et la fin de l'anecdote retouchée ferait de Simon un pénitent. L'anecdote a été conçue et développée pour discréditer une secte rivale, mais elle ne contient pas un trait qui oblige, ou seulement invite, à suspecter l'historicité de Simon plus que celle de Philippe.

L'EUNUQUE ÉTHIOPIEN

1

Or un ange de Seigneur parla à Philippe, disant : « Lève-toi
et va-t'en vers midi sur le chemin qui descend de Jérusalem à Gaza.
Il est désert. »
Et s'étant levé, il s'en alla.

Et voici qu'un homme Éthiopien, eunuque,
officier de Kandaké [2], reine des Éthiopiens,
qui était surintendant de son trésor,
venu pour adorer à Jérusalem,
s'en retournait, assis sur son char,
et lisait le prophète Isaïe.

Et l'Esprit dit à Philippe :
« Avance et joins ce char. »
Et accourant, Philippe
l'entendit qui lisait Isaïe le prophète,
et il dit : « Est-ce que tu comprends ce que tu lis ? »
Et lui de dire : « Comment le pourrais-je,
si quelqu'un ne me guide ? »
Et il invita Philippe à monter s'asseoir avec lui.

Or le passage de l'Écriture qu'il lisait était celui-ci :
« COMME BREBIS, À ÉGORGEMENT IL A ÉTÉ CONDUIT,
ET COMME AGNEAU, DEVANT QUI LE TOND, MUET,
AINSI N'OUVRE-T-IL PAS LA BOUCHE.
DANS L'ABAISSEMENT, SA CONDAMNATION A ÉTÉ DÉTRUITE :
SA GÉNÉRATION, QUI (LA) RACONTERA ?
CAR EST RETIRÉE DE LA TERRE SA VIE [3]. »

Et l'eunuque, s'adressant à Philippe,
dit : « Je te prie, de qui le prophète dit-il cela ?
Est-ce de lui-même ou de quelque autre ? »
Et Philippe, ouvrant la bouche,
et commençant par cette Écriture,
lui annonça Jésus.

Or, comme ils allaient sur le chemin, ils rencontrèrent de l'eau ;
et l'eunuque dit : « Voici de l'eau ;
qu'est-ce qui empêche de me baptiser ? »
Et il ordonna d'arrêter le char ;
et ils descendirent tous deux dans l'eau,
Philippe et l'eunuque,
et (Philippe) le baptisa.

Mais, quand ils furent remontés de l'eau,
Esprit de Seigneur enleva Philippe,
et plus ne le vit l'eunuque ;
car il continuait sa route plein de joie.
Mais Philippe se trouva dans Azot,
et cheminant, il évangélisa toutes les villes,
jusqu'à ce qu'il arrivât à Césarée [4].

---

[1]. Récit d'un merveilleux naïf et extravagant. La façon dont la conversion de l'eunuque se trouve édifiée sur un texte biblique correspond au procédé par lequel le rédacteur construit ses discours. Le récit même paraît avoir été conçu en accomplissement de prophétie (*Isaïe*, LVI, 3-7 ; *Psaume,* LXVIII, 32).

2. Kandaké n'est pas un nom personnel, mais le titre royal des femmes qui se succédaient sur le trône d'Éthiopie.
3. *Isaïe*, LIII, 7-8. Le grec des Septante traduit librement un texte hébreu dont les trois dernières lignes, probablement altérées, sont inintelligibles. Description des souffrances et de la mort du Serviteur de Jahvé (personnification de l'Israël fidèle), dont la tradition chrétienne a fait application au Christ,
4. Le subit enlèvement de Philippe est la digne conclusion d'un récit qui ne donne en aucun détail impression de réalité. Si le rédacteur amène Philippe à Césarée, c'est que plus tard on doit l'y retrouver ; mais la légende de Cornélius va être bientôt contée sans égard à ce qui vient d'être dit au sujet de Philippe.

LA CONVERSION DE SAUL

1

Or Saul, respirant encore menace et meurtre
contre les disciples du Seigneur,
vint au grand-prêtre,
lui demander des lettres
pour Damas, aux synagogues,
afin que, s'il trouvait des gens de la secte,
hommes et femmes,
il les amenât à Jérusalem,

Et en allant, advint
qu'il approcha de Damas,
et tout à coup autour de lui lumière éclata du ciel ;
et tombé sur la terre,
il entendit voix qui lui disait :
« Saoul, Saoul, pourquoi me poursuis-tu ? »
Et il dit : « Qui es-tu, Seigneur ? »
Et lui : « Je suis Jésus, que tu poursuis.
Mais lève-toi et entre dans la ville,
et l'on te dira ce qu'il te faut faire. »

Or les hommes qui voyageaient avec lui restaient stupéfaits,
entendant bien la voix,
mais ne voyant personne.
Et Saul se leva de terre ;
mais, les yeux ouverts,
rien il ne voyait ;
et par la main le conduisant,
ils l'amenèrent à Damas.
Et il fut trois jours ne voyant pas,
et il ne mangea ni ne but.

Or il était à Damas un disciple nommé Ananie ;
et le Seigneur lui dit en vision : « Ananie ! »
Et il dit : « Me voici, Seigneur. »
Et le Seigneur lui (dit) :
« Te levant, va-t'en à la rue appelée Droite,
et cherche en la maison de Juda le nommé Saul de Tarse ;
car le voilà qui prie,
et il a vu un homme appelé Ananie
entrer et lui imposer les mains
pour qu'il recouvre la vue. »

Et Ananie répondit : « Seigneur,
j'ai appris de plusieurs touchant cet homme
combien de mal il a fait aux saints dans Jérusalem ;
et il a ici pouvoir des grands-prêtres
pour enchaîner tous ceux qui invoquent ton nom. »
Et le Seigneur lui dit : « Va,
car ce m'est instrument de choix que cet (homme),
pour porter mon nom devant Gentils, rois et fils d'Israël.
Car je lui montrerai, moi,
combien il lui faut pour mon nom souffrir. »

Et Ananie s'en alla, il entra dans la maison,
et lui ayant imposé les mains,
il dit : « Saul mon frère,
le Seigneur m'a envoyé, Jésus,
qui t'est apparu dans le chemin où tu venais,
afin que tu recouvres la vue et sois rempli d'Esprit saint. »

LA CONVERSION DE SAUL

Et aussitôt des yeux il lui tomba comme écailles,
et il recouvra la vue ;
et s'étant levé, il fut baptisé ;
puis, prenant nourriture, il se trouva fortifié.

Et il fut avec les disciples qu'il y avait
à Damas, quelques jours ;
et aussitôt dans les synagogues, il prêchait de Jésus
que c'était lui le Fils de Dieu.
Et fort surpris étaient tous ceux qui l'entendaient, et ils disaient :
« N'est-ce pas lui qui maltraitait à Jérusalem ceux qui invoquent ce nom,
et qui est ici à cette fin venu,
de les emmener enchaînés aux grands-prêtres ? »
Mais Saul n'en était que plus décidé,
et il confondait les Juifs qui habitaient à Damas,
démontrant que c'était lui le Christ [2].

Quand se furent passés nombre de jours,
les Juifs se concertèrent pour le tuer ;
mais fut connu de Paul leur complot.
Et ils gardaient aussi les portes,
jour et nuit,
afin de le tuer.
Mais, l'ayant pris de nuit, les disciples par la muraille le firent évader,
en le descendant dans une corbeille [3].

Et arrivé à Jérusalem,
il cherchait à se joindre aux disciples ;
et tous avaient peur de lui,
ne croyant pas qu'il fût disciple.
Mais Barnabé, l'ayant pris,
le conduisit aux apôtres ;
et il leur raconta comment sur le chemin il avait vu le Seigneur,
et qu'il lui avait parlé,
et comment à Damas, il avait prêché avec assurance au nom de Jésus.

Et il fut avec eux,
allant et venant dans Jérusalem,
prêchant avec assurance au nom du Seigneur.
Il parlait aussi et discutait avec les Hellénistes,
mais ceux-ci cherchaient à le tuer [4].
Or les frères, l'ayant su, l'emmenèrent à Césarée
et ils le firent partir pour Tarse.
La communauté donc, par toute la Judée, la Galilée et la Samarie,
avait paix, s'édifiant et marchant en la crainte du Seigneur,
et par la consolation du saint Esprit elle se multipliait.

---

1. La métamorphose du persécuteur Saul en prédicateur chrétien est racontée trois fois dans les Actes, avec des variantes qui ne semblent pas accuser l'emploi de plusieurs sources, mais la liberté avec laquelle le rédacteur a traité un thème à lui donné. Rien n'y est consistant que ce que nous apprennent les épîtres de Paul, spécialement celle aux Galates : après avoir persécuté les fidèles du Christ, Saul-Paul, en suite d'une vision qu'il eut à Damas, est devenu croyant. Le présent récit continue la notice amorcée plus haut, et artificiellement rattachée au martyre d'Étienne ; la mission donnée à Saul par le grand-prêtre, dans les conditions marquées, est aussi inconcevable historiquement que la persécution générale organisée par un seul homme ; et il résulte de *Galates*, I, 22, que les fidèles de Judée n'avaient jamais vu Paul avant qu'il devînt apôtre. Le tableau du persécuteur aveuglé par la lumière céleste et dialoguant avec Jésus invisible est retouché diversement par l'auteur dans les deux répliques qu'il en a voulu donner, et s'accorde mal avec ce que Paul lui-même dit de sa vision (*I Corinthiens*, IX, 1 ; XV, 8, où la vision de Paul est présentée comme étant de même nature que celles de Pierre, des Douze, etc.). Enfin l'initiation de Paul au christianisme par Ananie, moyennant le mécanisme d'une double vision, pour mettre en rapport l'initiateur et celui qui doit être initié, est conçue d'après un type convenu, qui se rencontre dans les mystères d'Isis. Très probablement, Paul était à Damas, inquiétant les chrétiens du lieu, quand se produisit la vision qui le convertit.
2. Fiction invraisemblable, qui se trouve réfutée par Paul disant, *Galates*, I, 17, qu'il est allé, aussitôt après sa conversion, en Arabie, c'est-à-dire dans le royaume nabatéen que gouvernait alors Arétas IV.
3. Le complot des Juifs est une invention du rédacteur, qui usera plusieurs fois de 'cet expédient ; les circonstances de la fuite sont celles que dit Paul (*II Corinthiens*, XI, 32) ; mais de Paul on apprend que c'était « l'ethnarque du roi Arétas » qui faisait garder les portes de la ville. Le rédacteur supprime Arétas et la mission de Paul en Arabie (par laquelle se doit expliquer l'intervention de l'ethnarque), parce qu'il veut amener Paul à Jérusalem aussitôt après sa conversion, et non « après trois ans » (*Galates*, I, 18).
4. Autre fiction, dont il est inutile de faire valoir la criante impossibilité, puisque tout est contredit par *Galates* (I, 18-19, 21) : « Après trois ans, je montai à Jérusalem pour faire connaissance de Céphas (Pierre), et je restai près de lui quinze jours ; mais je ne vis aucun autre des apôtres, si ce n'est Jacques, le frère du Seigneur... Ensuite j'allai dans les pays de Syrie et de Cilicie. » Barnabé n'était plus alors à Jérusalem. On verra plus loin pourquoi le rédacteur a voulu l'y garder. Le rédacteur a voulu montrer un Saul empressé de se rendre auprès des anciens apôtres, associé à leur ministère et recommençant Étienne (!).

MIRACLES DE PIERRE À JOPPÉ ET À LYDDA

1

Or advint que Pierre, passant chez tous,
se rendit aussi chez les saints qui habitaient Lydda ;
et il trouva là un homme appelé Enée,
depuis huit ans couché en grabat,
qui était paralysé.
Et Pierre lui dit :
« Énée, Jésus-Christ te guérit ;
lève-toi et fais ton lit. »

Et aussitôt il se leva.
Et tous les habitants de Lydda et du Saron le virent,
et ils se convertirent au Seigneur.

Or à Joppé était une croyante appelée Tabitha,
ce qui, traduit, se dit Dorcas.
Elle était pleine de bonnes œuvres
et d'aumônes qu'elle faisait ;
mais advint, en ces jours-là,
que, tombée malade, elle mourut ;
et l'ayant lavée, on la déposa en chambre haute.
Et Lydda étant près de Joppé,

les disciples, ayant appris que Pierre y était,
lui députèrent deux hommes avec cette prière :
« Ne tarde pas à venir jusqu'à nous. »
Et se levant, Pierre vint avec eux.

Arrivé, on le fit monter à la chambre haute,
et se présentèrent à lui toutes les veuves, pleurant
et montrant tuniques et manteaux
que faisait, quand elle était avec elles, Dorcas.

Mais, les ayant chassés dehors tous, Pierre, agenouillé, pria ;
puis, se tournant vers le corps,
il dit : « Tabitha, lève-toi. »
Elle ouvrit les yeux,
et, voyant Pierre, elle se mit sur son séant.
Et lui donnant la main, il la mit debout ;
et appelant les saints et les veuves,
il la (leur) présenta vivante.

Et ce devint chose connue dans tout Joppé,
et beaucoup crurent au Seigneur.
Et advint que nombre de jours (Pierre) resta à Joppé,
chez certain Simon corroyeur.

---

1. Le voyage apostolique de Pierre le long de la côte phénicienne, avec les deux miracles qui introduisent l'histoire symbolique de Cornélius, est tout entier fictif ; et ces fictions, qui rehaussent le rôle du prince des apôtres, ont pour objet dernier de lui attribuer l'initiative de la prédication aux Gentils et de l'acceptation des incirconcis dans la communauté. De là vient que cette légende tendancieuse a été placée avant la fondation de la chrétienté d'Antioche.

Le miracle de Lydda est imité du paralytique de l'évangile (*Luc*, V, 18-24), et dédoublé de la guérison opérée par Pierre dans le temple. La résurrection de Dorcas à Joppé (36-43) imite la résurrection de la fille de Jaïr (*Luc*, V, 21-24, 35-43) et les résurrections opérées par Elie (*I Rois*, XVII, 17-24) et Elisée (*II Rois*, IV, 8-37). Ces miracles sont localisés de façon à conduire Pierre vers Césarée, capitale politique de la Judée et séjour ordinaire du procurateur, lieu convenable pour la conversion d'un officier romain.

CORNÉLIUS

1

Or un homme à Césarée, nommé Cornélius,
centurion à la cohorte appelée Italique,
pieux et craignant Dieu avec toute sa maison,
faisant beaucoup d'aumônes au peuple
et priant Dieu en tout temps,
vit en vision manifestement,
vers la neuvième heure du jour,
ange de Dieu qui venait à lui
et lui disait : « Cornélius ! »
Et lui, le regardant et devenu tremblant,
dit : « Qu'est-ce, Seigneur ? »

Et il lui dit :
« Tes prières et tes aumônes sont montées
en souvenir devant Dieu.
Et maintenant envoie des hommes à Joppé
et fais venir un Simon qui est surnommé Pierre :
il est logé chez un Simon corroyeur,
dont la maison est près de la mer. »

Et quand fut parti l'ange qui lui parlait,
ayant appelé deux de ses domestiques
et un soldat pieux de son ordonnance,
et leur ayant expliqué tout,
il les envoya à Joppé.

Et le lendemain, comme ils étaient en route
et approchaient de la ville,
Pierre monta sur la terrasse,
pour prier, vers la sixième heure.
Or il se trouva avoir faim et demanda à manger ;
et pendant qu'on lui en apprêtait, il lui vint extase,
et il vit le ciel ouvert
et un objet qui descendait, comme grande nappe,
(tenue) aux quatre bouts, en s'abaissant vers la terre,
où se trouvaient tous les quadrupèdes et reptiles de la terre
et oiseaux du ciel.

Et il y eut voix (qui) lui (dit) :
« Lève-toi, Pierre, tue et mange. »
Et Pierre dit :
« Oh ! non, Seigneur,
car jamais je n'ai mangé rien de vil ni d'impur. »
Et voix encore une seconde fois lui (dit) :
« Ce que Dieu a fait pur, ne le fais pas impur. »
Et cela eut lieu par trois fois,
et aussitôt l'objet fut retiré au ciel.

Or, comme Pierre était en lui-même incertain
de ce que signifiait la vision qu'il avait eue,
voici que les hommes envoyés par Cornélius,
ayant demandé la maison de Simon,
se présentaient à la porte,
et, appelant, s'informaient
si Simon surnommé Pierre était là logé.
Et Pierre réfléchissant sur la vision,
l'Esprit lui dit :
« Voici des hommes qui te cherchent.
Lève-toi, descends,

et va-t'en avec eux sans aucun scrupule,
car c'est moi qui les ai envoyés. »

Et Pierre, descendu près des hommes, dit :
« Je suis celui que vous cherchez ;
pour quelle raison êtes-vous ici ? »
Et ils dirent :
« Cornélius centurion,
homme juste et craignant Dieu,
réputé dans toute la nation des Juifs,
a été avisé par ange saint
de te faire venir en sa maison
et d'entendre paroles de toi. »
Les ayant donc fait entrer, il leur donna hospitalité.

Et le lendemain, se levant, il partit avec eux,
et quelques frères de Joppé l'accompagnèrent ;
et le jour suivant il arriva à Césarée.
Cornélius les attendait,
ayant réuni ses parents et ses amis intimes
Et comme Pierre entrait,
Cornélius, venu au devant de lui,
tombant à ses pieds, se prosterna.
Mais Pierre le releva,
disant : « Lève-toi ;
moi aussi je suis homme. »

Et conversant avec lui, il entra
et il trouva réunion nombreuse ;
et il leur dit :
« Vous savez, vous,
combien il est interdit à homme Juif
de fréquenter ou d'approcher étranger ;
mais le Seigneur m'a montré
qu'il ne faut traiter de vil ou d'impur aucun homme.
C'est pourquoi aussi sans objection je suis venu, étant mandé.
Je demande donc
pour quel motif vous m'avez fait venir. »

Et Cornélius dit :
« Il y a quatre jours à cette heure,
j'étais, à la neuvième (heure), priant en ma maison,
et un homme parut devant moi en robe brillante
et dit : « Cornélius,
ta prière a été exaucée et tes aumônes ont été remémorées devant Dieu.
Envoie donc à Joppé
et fais venir Simon qui est surnommé Pierre :
il est logé dans la maison de Simon corroyeur près de la mer. »
Aussitôt donc j'ai envoyé vers toi,
et toi tu as bien agi en venant.
Maintenant nous voilà tous présents devant Dieu
pour entendre tout ce qui t'a été prescrit par le Seigneur. »

Et Pierre, ouvrant la bouche, dit :
« Il est vrai, je le comprends,
que Dieu ne fait pas acception de personne
mais que, en toute nation, celui qui le craint
et pratique la justice
lui est agréable.

Il a envoyé la parole aux fils d'Israël,
annonçant paix par Jésus-Christ :
celui-ci est de tous seigneur.
Vous connaissez le fait advenu par toute la Judée,
commençant par la Galilée,
après le baptême que prêcha Jean :
Jésus de Nazareth,
comment DIEU L'OIGNIT D'ESPRIT saint et de force,
(lui) qui voyagea faisant du bien
et guérissant tous ceux qui étaient au pouvoir du diable,
parce que Dieu était avec lui.
Et nous sommes témoins de tout ce qu'il a fait
dans le pays des Juifs et à Jérusalem.

Eux l'ont mis à mort en le SUSPENDANT À BOIS [2].
Dieu l'a ressuscité le troisième jour
et l'a fait apparaître visiblement

non à tout le peuple,
mais à des témoins d'avance choisis par Dieu,
nous, qui avons mangé et bu avec lui,
après qu'il fut ressuscité des morts.

Et il nous a enjoint de prêcher au peuple
et d'attester que c'est lui qui est,
institué par Dieu,
juge des vivants et des morts.
À lui tous les prophètes rendent témoignage,
que reçoit par son nom rémission de péchés quiconque croit en lui. »

Pierre disait encore ces mots,
que tomba l'Esprit saint sur tous ceux qui écoutaient la parole ;
et furent étonnés les croyants de la circoncision venus avec Pierre
de ce que sur les Gentils aussi le don du saint Esprit s'était répandu ;
car ils les entendaient parler en langues et glorifier Dieu.

Alors Pierre reprit :
« Est-ce que l'on peut refuser l'eau
pour baptiser ces (gens)
qui ont reçu l'Esprit saint comme nous ? »
Et il ordonna de les baptiser au nom de Jésus-Christ.
Alors ils le prièrent de rester quelques jours.

Or apprirent les apôtres et les frères qui étaient en Judée
que les Gentils aussi avaient reçu la parole de Dieu ;
et lorsque Pierre monta à Jérusalem,
ceux de la circoncision lui cherchaient querelle, disant :
« Tu es entré chez hommes ayant prépuce, et tu as mangé avec eux. »

Mais Pierre se mit à leur exposer la chose de point en point, disant :
« J'étais en la ville de Joppé, priant,
et j'ai vu en extase vision,
un objet qui descendait, comme grande nappe,
(tenue) aux quatre bouts, en s'abaissant du ciel,
et qui arriva jusqu'à moi.
Y regardant, j'observais,
et je vis les quadrupèdes de la terre,

les fauves, les reptiles, et les oiseaux du ciel.

Et, j'entendis aussi voix qui me disait :
« Lève-toi, Pierre, tue et mange. »
Et je dis : « Oh ! non, Seigneur ;
car chose vile ou impure jamais n'est entrée en ma bouche. »
Et derechef voix répondit du ciel :
« Ce que Dieu a fait pur, ne le fais pas impur. »
Or cela eut lieu par trois fois,
et tout fut retiré au ciel.

Et à l'instant trois hommes se présentèrent à la maison où nous étions,
envoyés de Césarée vers moi ;
et l'Esprit me dit d'aller avec eux sans scrupule ;
et sont venus aussi avec moi les six frères que voici,
et nous sommes entrés dans la maison de l'homme ;
et il nous raconta comment il avait vu l'ange dans sa maison
se présenter et dire : « Envoie à Joppé,
et fais venir Simon surnommé Pierre, qui te dira
paroles par lesquelles vous serez sauvés, toi et toute ta maison. »

Or, quand je commençais à parler,
l'Esprit saint tomba sur eux,
comme sur nous au commencement ;
et je me souvins de la parole du Seigneur,
lorsqu'il disait : « Jean a baptisé d'eau,
mais vous, vous serez baptisés en Esprit saint ».
Si donc Dieu leur a fait le même don qu'à nous,
pour avoir cru au Seigneur Jésus-Christ,
était-il en mon pouvoir, à moi, d'empêcher Dieu ? »

Ayant entendu cela, ils se calmèrent,
et ils glorifièrent Dieu, disant :
« Donc aux Gentils aussi
Dieu a donné la repentance pour vie [3]. »

---

1. Une double vision, d'invention assez médiocre, prépare la rencontre de Pierre et de Cornélius, comme a été préparée celle d'Ananie et de Saul. L'entrevue de l'apôtre et du centurion, avec leurs explications réciproques et le discours de Pierre, manque passablement d'intérêt. Le discours est pour faire proclamer par Pierre, avant tout autre, devant un auditoire païen, le principe de l'universalité du salut par la foi au Christ, principe illustré d'ailleurs et figuré par toute l'histoire de Cornélius. Le troisième acte du pieux drame est le baptême de Cornélius et des siens, commandé en quelque sorte par le saint Esprit, qui descend sur les catéchumènes avant le sacrement.
2. Allusions à *Isaïe*, LXI, 1 ; *Deutéronome*, XXI, 22, déjà rencontrées.
3. Comme la conversion de Cornélius figure la conversion des Gentils, et son baptême la réception des incirconcis dans l'Église, la communauté de Jérusalem s'émeut, symboliquement aussi, on peut le dire, de ce qui est arrivé, et demande des explications, que Pierre donne en racontant toute l'affaire et en montrant que la petite pentecôte de Césarée met les païens sur le même pied que les croyants israélites, baptisés dans l'Esprit lors de la grande pentecôte de Jérusalem.

La question du salut des incirconcis, par la foi et le baptême, sans les observances de la Loi, se trouve ainsi résolue, symboliquement toujours, avant de s'être posée dans la réalité. Mais il est piquant de voir Pierre, réprimandé pour avoir mangé avec des incirconcis, prouver si solidement qu'il a bien fait, quand on sait (par Galates, II, 11-14) que Paul s'est brouillé à Antioche avec le susdit Pierre parce que celui-ci avait cessé de manger avec les païens.

LA COMMUNAUTÉ D'ANTIOCHE

*Ceux donc qui avaient été dispersés par la persécution
survenue au temps d'Etienne
passèrent jusqu'en Phénicie, en Chypre et à Antioche,
ne disant la parole à personne
sinon aux Juifs.
Mais il y eut quelques-uns d'eux,
hommes Chypriotes et Cyrénéens,
qui, venus à Antioche,
parlaient aussi aux Grecs,
leur annonçant le Seigneur Jésus.*

*Et main de Seigneur était avec eux,
et grand nombre, croyant, se convertirent au Seigneur* [1].
Or en vint la nouvelle aux oreilles de la communauté
qui était à Jérusalem,
et ils envoyèrent Barnabé jusqu'à Antioche.

Celui-ci, arrivé, et voyant la grâce de Dieu, se réjouit,
et il les exhortait tous à demeurer, par l'intention du cœur, au Seigneur ;
car il était homme de bien,

LA COMMUNAUTÉ D'ANTIOCHE 113

plein d'Esprit saint et de foi ;
et s'adjoignirent nombre de gens au Seigneur.

Or il s'en alla à Tarse chercher Saul,
et l'ayant trouvé, il l'amena à Antioche ;
et leur advint d'être ensemble tout un an dans la communauté,
et d'instruire beaucoup de gens [2] ;
et c'est à Antioche d'abord que les disciples furent dénommés chrétiens.

Or, en ces jours-là,
des prophètes vinrent de Jérusalem à Antioche ;
et s'étant levé, l'un d'eux, nommé Agabus,
signifia par l'Esprit
qu'il y aurait grande famine sur toute la terre :
elle arriva sous Claude.

Et les disciples, selon leurs moyens,
décidèrent, un chacun,
d'envoyer secours aux frères qui habitaient en Judée :
ce qu'aussi bien ils firent,
envoyant (leur don) aux anciens
par les mains de Barnabé et de Saul [3].

---

1. Ce ferme récit rejoint la notice relative à la propagande inaugurée après la mort d'Étienne par les hellénistes dispersés, notice que le rédacteur a coupée pour intercaler ses légendes.
2. Fiction rédactionnelle, nettement détachée de la notice précédente, et qui, pour faire dépendre de Jérusalem l'œuvre du nouvel apostolat, présente aussitôt comme envoyé par la communauté hiérosolymitaine Barnabé, qu'un autre fragment de source (confirmé par *Galates*, II, 1, 9, 13) oblige à compter parmi ces croyants hellénistes qui, chassés de Jérusalem, poussèrent jusqu'à Antioche et osèrent les premiers recevoir des païens dans la foi du Christ sans leur imposer la circoncision. La fiction de Barnabé commissionné par Jérusalem pour inspecter Antioche est corrélative à la fiction de Pierre baptisant Cornélius. Le repêchage de Paul, que le rédacteur avait précédemment expédié à Tarse, tient à la même combinaison : il ne faut pas que les deux principaux agents de la prédication aux Gentils aient eu l'initiative de leur œuvre (*Galates*, I, 21, donne à penser que Paul, après sa visite à Pierre, est venu de lui-même rejoindre les missionnaires d'Antioche). L'on peut voir un élément de source dans la notice précise relative à l'origine du nom de « chrétien ». Il est naturel que le nom ait été attribué d'abord à la première communauté organisée en dehors du judaïsme.
3. Autre fiction rédactionnelle. Pour la plus grande gloire de la communauté-mère, les prophètes hiérosolymitains ont été dédoublés de ceux que le document primitif signalera bientôt à Antioche.

Le voyage de Barnabé et de Paul, ignoré de Paul lui-même (dans *Galates*, II, 1-10), a été dédoublé de celui que les deux missionnaires ont fait réellement, et à la date ici indiquée, pour l'affaire des observances, en suite de quoi il fut convenu que les communautés recrutées parmi les païens s'imposeraient des cotisations pour la communauté de Jérusalem. Mais le rédacteur, qui veut ignorer la collecte comme institution régulière, l'a ramenée ici aux proportions d'une aumône spéciale, dont l'annonce prophétique d'une famine qu'il trouvait signalée dans Josèphe (*Antiquités*, XX, 5, 2) aurait fourni l'occasion.

HÉRODE AGRIPPA —
ARRESTATION ET DÉLIVRANCE
DE PIERRE

Or, en ce temps-là,
Hérode le roi mit les mains
à maltraiter quelques-uns de la communauté,
et il fit périr Jacques, le frère de Jean, par le glaive [1] ;
puis, voyant que cela plaisait aux Juifs, il fit de plus prendre aussi Pierre.
C'étaient les jours des azymes.
L'ayant fait arrêter, il le mit en prison,
le donnant à garder à quatre tétrades de soldats,
en vue de le faire, après la pâque, comparaître devant le peuple.
Pierre donc était gardé en la prison ;
mais prière se faisait instamment par la communauté à Dieu pour lui.

Or, quand Hérode allait le faire comparaître,
cette nuit-là, Pierre était endormi entre deux soldats,
lié de deux chaînes,
et des sentinelles devant la porte gardaient la prison ;
et voici qu'ange de Seigneur apparut,
et que lumière brilla dans le cachot.

Et frappant au côté Pierre, il l'éveilla,
disant : « Lève-toi vite. »
Et les chaînes lui tombèrent des mains.
Et l'ange lui dit :
« Mets ta ceinture et chausse tes sandales. »
Et il fit ainsi.

Et il lui dit :
« Endosse ton manteau et suis-moi. »
Et sortant, il (le) suivait ;
et il ne savait pas
que réel était ce qui se faisait par l'ange,
mais il pensait voir vision.

Et passant la première garde, puis la deuxième,
ils arrivèrent à la porte de fer,
menant à la ville,
qui d'elle-même s'ouvrit à eux ;
et sortant, ils s'avancèrent jusqu'au bout d'une rue,
et aussitôt l'ange le quitta.

Et Pierre, revenu à lui, dit :
« Maintenant je sais réellement
que le Seigneur a envoyé son ange
et qu'il m'a sauvé des mains d'Hérode
et de tout ce que (j'avais) à craindre du peuple des Juifs. »
Et s'étant retrouvé, il vint à la maison de Marie,
mère de Jean surnommé Marc,
où plusieurs étaient rassemblés et priaient.

Or, quand il eut frappé à la porte d'entrée,
vint aux écoutes une servante nommée Rhodé,
et reconnaissant la voix de Pierre,
de joie, au lieu d'ouvrir la porte,
elle courut annoncer que Pierre était devant le porche.
Et ils lui dirent : « Tu es folle » ;
mais elle maintenait que c'était ainsi ;
et ils disaient : « C'est son ange. »

Cependant Pierre continuait de frapper ;
et ouvrant, ils le virent et furent stupéfaits ;
mais, leur ayant fait de la main signe de se taire,
il leur raconta
comment le Seigneur l'avait tiré de la prison ;
puis il dit :
« Annoncez à Jacques et aux frères cela. »
Et sortant, il s'en alla en autre lieu [2].

Or, le jour venu,
ce fut émoi non petit parmi les soldats
(se demandant) ce que Pierre pouvait être devenu.
Mais Hérode, l'ayant envoyé prendre
sans qu'on (le) trouvât,
après avoir interrogé les sentinelles,
ordonna de les mettre à mort ;
et descendu de la Judée à Césarée, il (y) demeura.

Or, il était fort animé contre les Tyriens et les Sidoniens ;
mais d'un commun accord ils se présentèrent à lui,
et ayant gagné Blastus,
le chambellan du roi,
ils demandaient paix, parce que leur pays tirait subsistance de
celui du roi.

Et à jour fixé,
Hérode, revêtu du costume royal,
assis à la tribune, les harangua.
Or le peuple acclamait :
« C'est parole de Dieu et non d'homme. »
Mais à l'instant le frappa ange de Seigneur,
parce qu'il n'avait pas donné la gloire à Dieu ;
et devenu pâture de vers, il expira [3].

Et la parole de Dieu se répandait et multipliait.
Et Barnabé et Saul revinrent de Jérusalem
après s'être acquittés du service,
ayant pris avec eux Jean surnommé Marc [4].

---

1. La persécution d'Agrippa Ier a été bizarrement logée par le rédacteur entre l'arrivée des délégués antiochiens à Jérusalem et leur retour à Antioche. Luc devait en savoir plus long sur la mort de Jacques (noter la gaucherie de la notice) ; et probablement faisait-il en même temps mention du martyre de Jean (impliqué dans *Marc*, X, 38-39, contrairement à la légende d'Éphèse, qui est postérieure) ; sans doute n'en disait-il pas tant sur la fuite de Pierre ; et sûrement il plaçait ces faits dans un autre contexte, après le voyage unique de Barnabé et de Paul à Jérusalem pour la question des observances, les deux missionnaires ayant alors trouvé Jean vivant et Pierre présent (*Galates*, II, 9). Le rédacteur aura supprimé le martyre de Jean pour faire droit à la légende d'Éphèse.
2. Le rédacteur aura dramatisé la captivité et la délivrance de Pierre, à moins qu'il ne les ait inventées (on a pu voir déjà qu'il joue facilement des anges), les substituant à une fuite sans gloire. Pierre est allé à Antioche (*Galates*, II, 11) ; mais le rédacteur dit : « dans un autre lieu », parce qu'il veut ignorer le conflit entre Pierre et Paul à Antioche, aussi parce que, ayant retardé le débat sur les observances, il ne peut mener sur le terrain où ce débat a pris naissance Pierre, qui, depuis l'affaire de Cornélius, est censé posséder la solution du problème.
3. Le récit légendaire de la mort d'Agrippa est dans la manière du rédacteur, et, bien qu'assez différent de celui qui se lit dans Josèphe (*Antiquités*, XIX, 8, 2), il pourrait n'en être pas indépendant.
4. L'assertion relative à Jean-Marc est suspecte, parce qu'elle est coordonnée à des fictions qui seront signalées bientôt. Jean-Marc sera plutôt venu à Antioche avec Pierre, l'ayant accompagné dans sa fuite.

Partie Trois
MISSION DE BARNABÉ ET DE PAUL

BARNABÉ ET PAUL EN CHYPRE

Or étaient à Antioche, en la communauté,
prophètes et docteurs :
Barnabé et Syméon dit Niger,
Lucius le Cyrénéen,
Manaën, familier d'Hérode le tétrarque,
et Saul.

Et comme ils rendaient culte au Seigneur et jeûnaient,
l'Esprit saint dit :
« Appliquez-moi Barnabé et Saul
à l'œuvre à laquelle je les ai appelés [1]*. »*
Alors ayant jeûné et prié,
et leur ayant imposé les mains, ils (les) congédièrent.

Eux donc, envoyés par le saint Esprit, descendirent à Séleucie,
et de là naviguèrent vers Chypre [2].
Et arrivés à Salamine,
ils annoncèrent la parole de Dieu dans les synagogues des Juifs.
Ils avaient aussi Jean comme auxiliaire.

Or, ayant traversé toute l'île jusqu'à Paphos,
ils rencontrèrent un homme magicien,
faux prophète juif,
nommé Barjésus,
qui était auprès du proconsul Sergius Paulus, homme avisé.

Celui-ci, ayant fait appeler Barnabé et Saul,
cherchait à entendre la parole de Dieu ;
mais leur faisait opposition Élymas, « le magicien »,
— car ainsi se traduit son nom, —
tâchant de détourner le proconsul de la foi.

Mais Saul, — *qui est aussi Paul*, — rempli d'Esprit saint,
le regardant, dit :
« Ô réceptacle de toute fraude et de toute méchanceté,
fils du diable, ennemi de toute justice,
ne cesseras-tu pas de brouiller LES DROITES VOIES DU SEIGNEUR [3] ?
Et maintenant voici main de Seigneur sur toi,
et tu vas être aveugle, ne voyant pas le soleil, jusqu'à temps. »

Et à l'instant tombèrent sur lui obscurcissement et ténèbres ;
et tournant, il cherchait conducteurs.
Alors le proconsul, voyant ce qui était arrivé, crut,
émerveillé par la doctrine du Seigneur [4].

---

1. Morceau de source. La communauté antiochienne y apparaît constituée sous cinq prophètes-docteurs dont le premier est Barnabé, et le dernier, sans doute parce que survenu après les autres, Saul. La liste est conçue comme présentant ces cinq personnages pour la première fois, et elle a dû contenir d'abord une brève notice annexée au nom de Barnabé (probablement reportée plus haut : « Joseph, dit Barnabé, Chypriote »), une autre au nom de Saul (reportée plus bas : « Saul, qui est Paul », à compléter probablement par « de Tarse », avec rappel de son hostilité au christianisme naissant), qui ont été anticipées pour une part et altérées dans ce que le rédacteur a voulu conter de l'un et de l'autre. Barnabé est donc le principal fondateur de la communauté antiochienne, un de ces hommes de Chypre et de Cyrène (Lucius, et probablement aussi Syméon le Noir) qui se sont adressés aux païens. L'Esprit demande, sans doute par la bouche d'un des prophètes, que Barnabé et Saul soient affectés à un service spécial, qui, dans la source, devait être l'enseignement distribué aux païens par un apostolat continu, la communauté subvenant à l'entretien des deux missionnaires : c'est la mission de Syrie et Cilicie dont parle Paul (*Galates*, I, 21 ; II, 1-4), en laissant dans l'ombre le rôle éminent qui appartient à Barnabé.

2. La mission dont il s'agit est dans un cadre fictif et en dehors de toute chronologie. Il est d'ailleurs certain que le voyage des deux missionnaires à Jérusalem se place immédiatement après la mission de Syrie et Cilicie, que le rédacteur a passée sous silence, et avant la persécution d'Hérode Agrippa. Selon toute probabilité, la mission intercalée aura été dédoublée de celle que feront, chacun de son côté, après leur séparation, Barnabé en Chypre, Paul en Lycaonie, Pisidie et Galatie.
3. *Osée*, XIV, 10.
4. Récit confus et sans précision, artificiel et naïf, qui semble être tout entier de la main du rédacteur, uniquement préoccupé de faire ressortir le miracle d'où est censée résulter la conversion du proconsul Sergius Paulus. Le nom du proconsul aura induit à fiction le rédacteur, qui désormais désignera Paul par le nom qu'il prend dans les épîtres et sous lequel il était connu dans les communautés.

À ANTIOCHE DE PISIDIE

Or, s'étant embarqués à Paphos,
Paul et ses compagnons vinrent à Pergé de Pamphylie [1] ;
mais Jean, s'étant séparé d'eux,
retourna à Jérusalem.
Mais eux, partis de Pergé,
arrivèrent à Antioche de Pisidie ;
et étant entrés en la synagogue le jour du sabbat,
ils s'assirent.

Or, après la lecture de la Loi et des Prophètes,
les chefs de synagogue envoyèrent vers eux, disant : « Hommes frères,
si vous avez quelque parole d'exhortation pour le peuple,
dites. »
Et Paul, s'étant levé,
et faisant signe de la main,
dit [2] : « Hommes Israélites,
et adorateurs de Dieu, écoutez.

Le Dieu de ce peuple d'Israël a choisi nos pères,
et il a fait grandir le peuple pendant le séjour au pays d'Égypte,

et À BRAS LEVÉ IL LES EN À TIRÉS [3].
Et environ une quarantaine d'années
IL LES A NOURRIS DANS LE DÉSERT [4] ;
et AYANT DÉTRUIT SEPT NATIONS AU PAYS DE CANAAN [5]
  il leur en distribua le territoire,
  environ quatre cent cinquante ans ;
  et après cela, il donna des juges
  jusques à Samuel prophète.

  Et ensuite ils demandèrent un roi,
  et Dieu leur donna Saül fils de Kis,
  homme de la tribu de Benjamin, pendant quarante ans[6].
  Et l'ayant rejeté, il leur suscita David comme roi,
  dont il a dit, (lui) rendant témoignage :
  « J'AI TROUVÉ DAVID (fils) d'Isaïe,
  HOMME SELON MON CŒUR [7],
  qui fera toutes mes volontés. »

  C'est de sa semence que Dieu,
  selon promesse, a amené à Israël
  comme Sauveur Jésus,
  Jean ayant prêché en préliminaire de son avènement
  un baptême de repentance à tout le peuple d'Israël.
  Or, lorsque Jean eut terminé (sa) carrière, il dit :
  « Ce que vous supposez que je suis,
  je ne le suis pas ;
  mais voici venir après moi
  celui dont je ne suis pas digne
  de délier la sandale aux pieds [8]. »

  Hommes frères,
  fils de la race d'Abraham,
  et adorateurs de Dieu ici présents,
  c'est à vous que cette parole de salut a été envoyée.

  Car ceux qui habitent à Jérusalem et leurs magistrats,
  l'ayant méconnu
  ainsi que les paroles des prophètes

qui sont lues à chaque sabbat,
ont accompli celles-ci en le condamnant ;
et n'ayant trouvé aucun motif de condamnation capitale,
ils ont demandé à Pilate de le faire périr ;
et quand ils eurent accompli tout ce qui était écrit de lui,
l'ayant détaché du bois, ils l'ont mis en tombeau [9].

Mais Dieu l'a ressuscité des morts :
il est apparu durant jours nombreux
à ceux qui étaient montés avec lui de la Galilée à Jérusalem,
lesquels maintenant sont ses témoins près du peuple.
Et nous, nous vous annonçons que la promesse faite aux pères
Dieu l'a réalisée pour vous, leurs enfants,
en ressuscitant Jésus,
selon qu'il est écrit dans le Psaume deuxième :
« TU ES MON FILS ;
AUJOURD'HUI JE T'AI ENGENDRÉ [10]. »

Or, qu'il l'ait ressuscité des morts,
sans qu'il dût retourner à pourriture,
il l'a dit ainsi :
« JE VOUS DONNERAI LA VRAIE SAINTETÉ DE DAVID [11]. »
C'est pourquoi il dit aussi ailleurs :
« TU NE LAISSERAS PAS TON SAINT VOIR POURRITURE [12]. »
Car David, ayant en sa génération, servi la volonté de Dieu,
est mort, il a été réuni à ses pères,
et il a vu pourriture ;
mais celui que Dieu a ressuscité
n'a pas vu pourriture.

Soit donc connu de vous, hommes frères,
que par lui rémission de péchés vous est annoncée,
et que de tout ce dont vous n'avez pu par Loi de Moïse être justifiés,
par lui tout croyant est justifié.
Prenez donc garde que n'arrive ce qui est dit dans les Prophètes :
« VOYEZ, CONTEMPTEURS,
ÉTONNEZ-VOUS ET DISPARAISSEZ,

PARCE QUE JE FAIS, MOI, ŒUVRE EN VOS JOURS,
ŒUVRE QUE VOUS NE CROIREZ PAS SI QUEL-
QU'UN VOUS LA RACONTE [13]. »

Comme ils sortaient, (les chefs de synagogue) demandèrent
que, le sabbat suivant, leur fussent dites ces choses ;
mais, l'assemblée s'étant séparée,
beaucoup de Juifs et d'adorateurs prosélytes suivirent Paul et Barnabé,
lesquels, s'entretenant avec eux,
les engageaient à persévérer dans la grâce de Dieu.

Or, le sabbat suivant,
presque toute la ville s'assembla pour entendre la parole du Seigneur ;
mais les Juifs, voyant la foule, furent remplis de jalousie,
et ils contredisaient les dires de Paul en blasphémant.
Et avec assurance Paul et Barnabé dirent :
« C'est à vous qu'il fallait que d'abord fût dite la parole de Dieu ;
puisque vous la repoussez et ne vous jugez pas dignes de la vie éternelle,
nous nous tournons vers les Gentils.
Car c'est ainsi que nous l'a ordonné le Seigneur :
« JE T'AI PLACÉ EN LUMIÈRE DE NATIONS,
POUR QUE TU SOIS EN SALUT JUSQU'AU BOUT DE
LA TERRE [14]. »

Ce qu'entendant, les Gentils se réjouissaient,
et ils célébraient la parole du Seigneur ;
et tous ceux-là crurent qui étaient prédestinés à la vie éternelle ;
et la parole de Dieu se répandait dans toute la contrée.

Mais les Juifs excitèrent les femmes adoratrices les plus qualifiées.
et les principaux de la ville ;
ils provoquèrent poursuite contre Paul et Barnabé,
et ils les chassèrent de leur territoire [15].
Et ceux-ci, ayant secoué contré eux la poussière de leurs pieds,
s'en allèrent à Iconium.
Et les disciples étaient remplis de joie et d'Esprit saint.

1. On ne voit pas pourquoi les missionnaires s'empressent de quitter Chypre, sans fonder une seule communauté, bien qu'ils aient à eux le proconsul (!), ni pourquoi les rôles sont désormais comme renversés, Paul passant au premier plan, et Barnabé n'étant plus guère qu'une façon de surcharge dans le récit. Ce changement à vue et les autres singularités de cette prétendue mission s'expliqueront aisément si l'on admet que ladite mission n'a pas eu lieu. Mais, si le récit concernant Chypre est tout fictif, celui de la mission de Pisidie-Lycaonie pourrait contenir certains éléments du récit de la mission réelle de Paul en ces pays, récit maintenant presque dépourvu de tout détail en sa vraie place.
2. La mise en scène de la prédication dans la synagogue, à Antioche de Pisidie, est construite sur un type convenu (voir *Luc*, IV, 16-17). Le discours, qui est mis là pour donner une idée de la prédication de Paul aux Juifs, est, en sa première partie, un résumé-doublet du discours d'Étienne ; dans la seconde, une variante des discours de Pierre aux Juifs de Jérusalem.
3. *Exode*, VI, 1, 6.
4. *Deutéronome*, I, 31.
5. *Deutéronome*, VII, 1.
6. La durée du règne de Saül n'est pas marquée dans l'Ancien Testament.
7. *I Samuel*, XIII, 14 ; *Psaume* LXXXIX, 21.
8. Citation libre de *Luc*, III, 15-16.
9. Référence à *Luc*, XXIII, 13-25, 33-54 ; mais la sépulture par Joseph d'Arimathie est visée sans précision.
10. *Psaume*, XI, 7. La parole de Iahvé au roi de Juda s'entend ici par rapport à l'exaltation de Jésus ressuscité.
11. *Isaïe*, LV, 3. Citation très libre. Il s'agit des promesses faites À David, et on les dit accomplies spirituellement dans la glorification de Jésus.
12. *Psaume*, XVI, 10, déjà cité.
13. *Habacuc*, I, 5. Citation assez banale, que le rédacteur, faute de mieux, applique au jugement dernier.
14. *Isaïe*, XLIX, 6. Passage relatif au Serviteur de Iahvé. Le rédacteur a dû l'entendre plutôt du Christ prêché que des missionnaires eux-mêmes.
15. La scène du second sabbat est aussi artificielle que la précédente, avec le dénouement convenu de la rupture avec les Juifs.

À ICONIUM ET À LYSTRES — RETOUR

Or advint, *à Iconium,*
que pareillement ils entrèrent à la synagogue des Juifs
et prêchèrent de telle sorte
que crurent grand nombre de Juifs et de Grecs.
Mais les Juifs qui n'avaient pas cru
excitèrent et indisposèrent
les esprits des Gentils contre les frères.

Assez longtemps donc ils demeurèrent,
ayant assurance dans le Seigneur,
qui rendait témoignage à la parole de sa grâce,
accordant que signes et prodiges advinssent par leurs mains.
Mais la population de la ville se divisa,
et les uns étaient avec les Juifs,
les autres avec les apôtres.

Et comme il y avait *assaut des Gentils et des Juifs,*
avec leurs magistrats,
pour les maltraiter et les lapider,
s'en étant aperçus, ils s'enfuirent
dans les villes de la Lycaonie,

Lystres, Derbé et les environs, et ils y disaient évangile ¹.

Or un homme, à Lystres,
perclus des jambes, était assis,
paralysé depuis le sein de sa mère,
lequel jamais n'avait marché :
il écoutait Paul qui parlait.
Celui-ci l'ayant regardé
et voyant qu'il avait foi de guérir,
dit à pleine voix :
« Lève-toi sur tes pieds debout. »
Et il se leva d'un bond et marcha ².

Et les foules, voyant ce qu'avait fait Paul,
élevèrent leurs voix, disant en lycaonien :
« Les dieux, sous formes d'hommes,
sont descendus vers nous. »
Et ils appelaient Barnabé Zeus,
et Paul Hermès,
parce que c'était lui qui portait la parole.
Et le prêtre de Zeus devant la ville,
ayant amené taureaux et guirlandes devant les portes,
se disposait avec les foules à sacrifier.

Mais l'ayant appris, les apôtres Barnabé et Paul,
déchirant leurs vêtements s'élancèrent vers la foule,
en criant et disant :
« Hommes, pourquoi faites-vous cela ?
« Nous aussi sommes des mortels de votre sorte,
vous prêchant de quitter ces riens pour le Dieu vivant
QUI A FAIT LE CIEL, LA TERRE, LA MER
ET TOUT CE QU'ILS CONTIENNENT ³.

Il a, dans les générations passées,
permis à toutes les nations d'aller leurs voies ;
cependant il ne s'est pas laissé sans témoignage, faisant du bien,
vous octroyant du ciel pluies et saisons fécondes en fruits,
rassasiant de nourriture et de joie vos cœurs. »
Et ce disant,

À ICONIUM ET À LYSTRES — RETOUR

à grand peine ils empêchèrent les foules de leur sacrifier.

Or survinrent d'Antioche et d'Iconium des Juifs
qui, ayant gagné les foules
et lapidé Paul,
le traînèrent hors de la ville
pensant qu'il était mort.
Mais, les disciples l'ayant entouré,
il se leva (et) entra dans la ville.
Et le lendemain, il partit avec Barnabé pour Derbé.

Et ayant évangélisé cette ville
et fait nombreux disciples,
ils revinrent à Lystres, à Iconium et à Antioche,
affermissant les âmes des disciples,
les exhortant à persévérer en la foi
et (leur disant) qu'à travers beaucoup d'afflictions nous devons
entrer au royaume de Dieu.
Et leur ayant choisi, en chaque communauté, des anciens,
priant avec jeûnes, ils les recommandèrent au Seigneur
en qui ils avaient cru.

Et traversant la Pisidie,
ils vinrent en Pamphylie ;
et après avoir dit à Pergé la parole,
ils descendirent và Attalie ;
et de là ils naviguèrent vers Antioche,
d'où ils avaient été remis à la grâce de Dieu
pour l'œuvre qu'ils avaient accomplie.

Et arrivés, ayant rassemblé la communauté,
ils rapportèrent tout ce qu'avait fait Dieu avec eux,
et qu'il avait ouvert aux Gentils porte de foi.
Et ils demeurèrent un certain temps avec les disciples [4].

---

1. Description aussi vague que la précédente, et incohérente dans sa brièveté. Cependant quelques lambeaux de la relation originale paraissent y subsister. On dirait que le dénouement primitif a été coupé et maladroitement refait.

2. Le miracle de Lystres, conçu d'après la guérison du paralytique du temple, a été inventé pour amener la méprise des habitants, qui se seraient imaginés, — on est au pays de Philémon et Baucis, — que Barnabé était Zeus, et Paul, Hermès. La protestation des missionnaires prélude au discours de Paul à l'Aréopage. Après quoi le rédacteur se hâte de faire lapider Paul par les Juifs, sans qu'on voie bien comment il a mérité d'être seul objet de ce traitement. Ce fait, mal lié au contexte, paraît venir de la source, où il terminait plutôt la mission de Paul à Iconium (voir note précédente et *II Corinthiens*, XI, 25).
3. *Psaume,* CXLVI, 6.
4. Pieux remplissage. Afin de ramener les missionnaires à Antioche, le rédacteur les fait repasser par toutes les villes d'où on vient de les chasser. Pour introduire l'affaire des observances, il leur fait dire, en arrivant à Antioche, que Dieu a reçu les païens à la foi, et par là il trahit l'artifice de sa combinaison ; car le récit de la fondation d'Antioche laisse clairement entendre que la communauté antiochienne s'est recrutée surtout parmi les païens, tout comme Paul dit nettement (Galates, II, 1-10) que la question des observances a été soulevée à propos des païens convertis de Syrie et de Cilicie, ce qui est aussi bien confirmé par le chapitre suivant.

L'AFFAIRE DES OBSERVANCES ET L'ASSEMBLÉE DE JÉRUSALEM

Cependant quelques-uns, descendus de Judée,
enseignaient aux frères :
« Si vous n'êtes circoncis selon la coutume de Moïse,
vous ne pouvez être sauvés. »
Or, agitation s'étant produite,
ainsi que discussion assez vive,
de Paul et de Barnabé avec eux,
(les frères) décidèrent que monteraient Paul et Barnabé
et quelques autres des leurs
vers les apôtres et les anciens à Jérusalem,
au sujet de cette question [1].

Eux donc, ayant eu conduite de la communauté,
traversaient la Phénicie et la Samarie,
racontant la conversion des Gentils,
et ils procuraient joie grande à tous les frères [2].

Or, arrivés à Jérusalem,
ils furent reçus par la communauté,
les apôtres et les anciens,
et ils rapportèrent tout ce que Dieu avait fait avec eux.

Mais se levèrent quelques-uns de ceux de la secte des pharisiens qui avaient cru,
- disant qu'il fallait les circoncire
- et leur enjoindre d'observer la Loi de Moïse.

Et s'assemblèrent les apôtres et les anciens *pour examiner cette affaire* ;
- mais grande discussion s'étant produite, Pierre, se levant, leur dit :
- « Hommes frères,
- vous-mêmes savez bien
- que dès longtemps Dieu parmi vous a fait choix
- pour que de ma bouche les Gentils entendissent la parole de l'Évangile
- et devinssent croyants.

Et Dieu qui connaît les cœurs, a témoigné pour eux,
- en leur donnant l'Esprit saint,
- tout comme à nous,
- et il n'a fait aucune différence entre nous et eux,
- purifiant par la foi leurs cœurs.

Pourquoi donc maintenant provoquez-vous Dieu
- en mettant un joug sur le cou des disciples
- que ni nos pères ni nous n'avons été capables de porter ?
- C'est par la grâce du Seigneur Jésus que nous croyons être sauvés,
- de même façon que ceux-là [3]. »

Et se tut toute l'assemblée,
- et l'on écoutait *Barnabé et Paul* [4] racontant tout ce qu'avait fait Dieu de signes et de prodiges chez les Gentils par eux.
- Mais quand ils se furent tus,
- Jacques prit la parole, disant :
- « Hommes frères,
- écoutez-moi.
- Syméon a raconté
- comment d'abord Dieu a pris soin
- de se procurer d'entre Gentils peuple à son nom.
- Et à cela concordent les paroles des prophètes,
- selon qu'il est écrit :

« APRÈS CELA JE REVIENDRAI,
ET JE RECONSTRUIRAI LA TENTE DE DAVID QUI EST TOMBÉE,
SES DÉBRIS JE RECONSTRUIRAI ET JE LA REDRESSERAI,
AFIN QUE LE RESTE DES HOMMES CHERCHENT LE SEIGNEUR,
AINSI QUE TOUS LES GENTILS SUR LESQUELS A ÉTÉ PRONONCÉ MON NOM,
DIT SEIGNEUR, QUI FAIT CES CHOSES CONNUES D'ÉTERNITÉ [5]. »

C'est pourquoi je suis d'avis
qu'on n'inquiète pas ceux des Gentils qui se convertissent à Dieu,
mais qu'on leur mande de s'abstenir des souillures des idoles,
de la fornication, de l'étouffé et du sang.
Car Moïse, depuis les âges anciens, en chaque ville a ses prédicateurs,
étant lu dans les synagogues chaque sabbat [6]. »

Alors il plut aux apôtres et aux anciens, avec toute la communauté,
d'envoyer des hommes, choisis parmi eux, à Antioche,
avec Paul et Barnabé,
Judas surnommé Barsabbas, et Silas,
hommes en autorité parmi les frères,
avec cette lettre en main :

« Les apôtres et les anciens, frères,
aux frères, en Antioche, Syrie et Cilicie, (venus) des Gentils,
salut.
Comme nous avons appris
que quelques-uns des nôtres vous ont troublés par discours,
bouleversant vos âmes, sans que nous leur eussions donné mission.

Il nous a plu, nous étant mis d'accord unanime,
de choisir des hommes pour les envoyer vers vous,
avec nos bien-aimés Barnabé et Paul,
hommes qui ont exposé leurs vies

pour le nom de notre Seigneur Jésus-Christ.
Nous avons donc envoyé *Judas et Silas,
qui de parole vous communiqueront les mêmes choses.*

Car il a plu à l'Esprit saint et à nous de ne vous imposer aucun autre fardeau
que ces (observances) de nécessité :
vous abstenir des idolothytes et du sang,
des étouffés et de la fornication [7].
De quoi vous gardant, bien vous ferez.
Portez-vous bien. »

*Eux donc, congédiés, descendirent à Antioche,
et ayant réuni l'assemblée, ils remirent la lettre ;
et l'ayant lue, on se réjouit de la consolation.
Et Judas et Silas*, qui eux aussi étaient prophètes
par abondante parole encouragèrent les frères et les fortifièrent ;
mais, *ayant passé quelque temps, ils furent congédiés par les frères
vers ceux qui les avaient envoyés* [8].

---

1. Ce préambule vient de source et s'accorde avec *Galates* (II, 1-4) : ce sont des frères venus de Jérusalem à Antioche qui ont troublé la communauté en prétendant soumettre à la Loi les convertis du paganisme ; pour mettre un terme à cette agitation, Barnabé et Paul sont venus défendre leur œuvre auprès des anciens apôtres.
2. La fiction reparaît aussitôt dans le voyage triomphal des missionnaires à travers la Phénicie et de la Samarie, et dans la mise en scène de la grande assemblée, où la question des observances est censée soulevée par des pharisiens convertis. Puis la mention d'une réunion particulière des apôtres pour examiner l'affaire trahit l'influence de la source (comparer *Galates*, II, 2).
3. De nouveau la fiction s'étale dans le discours de Pierre, où la question est dite résolue d'avance par le fait de Cornélius, et où Pierre professe le principe de Paul touchant la justification par la foi.
4. L'influence de la source est sensible en ce que Barnabé est nommé avant Paul.
5. *Amos*, IX, 11-12, complété dans la dernière ligne par *Isaïe*, XLV, 21. Amos est cité d'après les Septante ; l'hébreu annonce la restauration du royaume de David : « Afin qu'ils (les Israélites) possèdent le reste d'Édom (lu *adam*, « homme » par l'interprète grec) et toutes les nations », etc., c'est-à-dire l'Idumée et les autres territoires étrangers que l'on disait avoir été soumis par David.
6. Le discours de Jacques est en contradiction avec Paul (*Galates*, II, 6-10), d'après lequel rien ne fut demandé aux missionnaires que la collecte pour la communauté de Jérusalem. Jacques recommande les observances indispensables moyennant lesquelles les Gentils incirconcis seront en règle avec la Loi ; et ce trait fictif (on doit le supposer en rapport avec la pratique de certaines communautés) sera codifié dans le décret apostolique. Histoire de Cornélius, discours de Pierre et de Jacques, décret apostolique, d'où qu'ils viennent, sont les éléments d'une même fiction.

L'AFFAIRE DES OBSERVANCES ET L'ASSEMBLÉE DE JÉRUS... 137

7. On doit distinguer le décret de la lettre, où il est en surcharge : la source faisait mention d'un message où les agitateurs judaïsants étaient désavoués, la communauté désignant deux de ses membres pour porter la lettre et parler dans le même sens aux frères d'Antioche et de la région. Si la lettre disait ensuite un mot de la collecte, le rédacteur y aura substitué le décret apocryphe qui reproduit la motion de Jacques.
8. Conclusion donnée d'après la source, sauf, probablement, ce qui concerne l'activité prophétique de Judas et Silas à Antioche, qu'on peut supposer avoir été ajouté à la gloire de Jérusalem. En remettant à sa place chronologique l'assemblée apostolique, Silas a le temps de retourner à Jérusalem, d'où l'on peut supposer qu'il sera revenu à Antioche avec Pierre et Jean-Marc.

Partie Quatre
LES MISSIONS DE PAUL

SÉPARATION DE PAUL ET DE BARNABÉ — PAUL À LYSTRES

Or Paul et Barnabé demeuraient à Antioche, enseignant et prêchant,
avec plusieurs autres, la parole du Seigneur.
Mais, après quelques jours, Paul dit à Barnabé :
« Retournons donc voir comment
vont les frères
en chaque ville
où nous avons annoncé la parole du Seigneur. »

Or Barnabé voulait emmener aussi Jean dit Marc ;
mais Paul estimait
que celui qui s'était séparé d'eux depuis la Pamphylie,
et ne les avait pas accompagnés pour l'œuvre,
n'était pas à emmener.

Et il y eut irritation,
en sorte qu'ils se séparèrent l'un de l'autre,
et que Barnabé, prenant Marc, s'embarqua pour Chypre.
Paul, de son côté, ayant fait choix de Silas, partit,
recommandé à la grâce du Seigneur par les frères ;
et il parcourut la Syrie et la Cilicie, affermissant les communautés [1].

Ainsi parvint-il à Derbé et à Lystres.
Et il y avait là un disciple nommé Timothée,
fils de femme juive croyante et de père grec,
qui avait bon témoignage des frères à Lystres et à Iconium.
Paul voulut qu'il partît avec lui,
et l'ayant pris, il le circoncit,
à cause des Juifs qui étaient en ces contrées ;
car tous savaient que son père était Grec.

Et comme ils passaient par les villes,
ils leur donnaient à garder les règlements fixés par les apôtres et les anciens de Jérusalem.
Les communautés donc s'affermissaient en la foi
et grandissaient en nombre chaque jour [2].

---

1. La raison assignée à la séparation de Paul et de Barnabé ne saurait être retenue. On peut voir dans *Galates*, II, 11-14, que Paul a rompu avec Barnabé en même temps qu'avec Pierre, lorsque celui-ci, venu à Antioche, a cessé de prendre part aux repas des frères incirconcis. C'est en suite de cette querelle que Paul s'est décidé à poursuivre, en apôtre indépendant, l'œuvre de propagande, et dans des pays où l'Évangile n'avait pas encore été annoncé. Le rédacteur a voulu dissimuler le conflit d'Antioche et l'isolement où Paul s'est trouvé ensuite, ainsi que les difficultés de sa situation à l'égard de la communauté hiérosolymitaine et des autres missionnaires.
2. Ayant anticipé l'évangélisation de la Lycaonie et de la Pisidie, le rédacteur n'a rien maintenant à en raconter ; il ne s'arrête à Lystres que pour y loger une fiction, la circoncision de Timothée, inventée pour neutraliser ce que dit *Galates* (II, 1, 3) touchant la non-circoncision de Tite. On peut voir, *Colossiens*, IV, 10-11 (rapproché de I, 1), que Timothée n'était pas circoncis.

PAUL À TROAS ET À PHILIPPES

Or ils traversèrent la Phrygie et le pays de Galatie,
empêchés par le saint Esprit de dire la parole en Asie ;
et venus vers la Mysie,
ils essayèrent d'aller en Bithynie,
mais l'Esprit de Jésus ne le leur permit pas ;
et passant la Mysie, ils descendirent à Troas [1].

Et vision, pendant la nuit, fut vue de Paul :
un homme macédonien se présenta,
qui le suppliait et disait :
« Viens en Macédoine à notre secours. »
Et quand il eut vu la vision,
aussitôt nous [2] cherchâmes à passer en Macédoine,
persuadés que Dieu nous appelait à les évangéliser.

Embarqués donc à Troas,
nous vînmes droit à Samothrace,
le lendemain à Néapolis,
et de là à Philippes,
qui est ville du premier (?) district de Macédoine, colonie.

Or nous fûmes en cette ville à passer quelques jours ;
et le jour du sabbat,
nous sortîmes hors de la porte, près d'un cours d'eau
où nous pensions qu'était un lieu de prière,
et, nous étant assis, nous parlâmes aux femmes
qui s'y étaient réunies.

Et une femme nommée Lydie,
marchande de pourpre, de la ville de Thyatire,
adoratrice de Dieu, écoutait,
dont le Seigneur ouvrit le cœur
à s'intéresser aux choses dites par Paul.

Et quand elle eut été baptisée, ainsi que sa maison,
elle (nous) invita, disant :
« Si vous m'avez jugé croyante au Seigneur,
venez en ma maison demeurer. »
Et elle nous (y) contraignit [3].

Or advint que, nous rendant au lieu de prière,
une jeune esclave ayant esprit python nous rencontra,
qui procurait grand gain à ses maîtres en prophétisant.
Ayant suivi Paul et nous, elle criait, disant :
« Ces hommes-là sont des serviteurs du Dieu très-haut,
qui vous annoncent voie de salut. »

Et elle fit cela durant plusieurs jours.
Mais Paul, (qui en était) excédé,
se retournant, dit à l'esprit :
« Je t'ordonne, au nom de Jésus-Christ,
de sortir d'elle. »
Et il sortit à l'instant.

Mais ses maîtres, ayant vu
qu'était partie leur chance de gain,
se saisissant de Paul et de Silas,
(les) traînèrent à la place publique, devant les magistrats [4] ;
et les amenant aux préteurs, ils dirent :
« Ces hommes troublent notre ville,

étant des Juifs,
et ils prônent coutumes
qu'à nous Romains
il n'est pas permis d'accepter ni de pratiquer. »

Et la foule se souleva de même contre eux.
Et les préteurs, (faisant) arracher leurs habits,
ordonnèrent de les flageller,
et, leur ayant administré force coups, les jetèrent en prison,
recommandant au geôlier de les tenir en sûre garde.
Celui-ci, ayant reçu un tel ordre,
les jeta dans le cachot intérieur,
et il leur entrava les pieds au billot.

Or, vers minuit,
Paul et Silas, priant, chantaient hymnes à Dieu,
et les prisonniers les écoutaient ;
et tout à coup il y eut tremblement si grand
que furent ébranlés les fondements de la prison ;
et s'ouvrirent instantanément toutes les portes,
et de tous (les prisonniers) les liens se relâchèrent [5].

Or, s'étant réveillé, le geôlier,
voyant ouvertes les portes de la prison,
tirait son épée (et) allait se tuer,
pensant que les prisonniers s'étaient enfuis ;
mais Paul cria à pleine voix, disant :
« Ne te fais pas de mal,
car nous sommes tous ici. »

Et ayant demandé des torches, il accourut,
et, devenu tremblant, il tomba aux pieds de Paul et de Silas ;
et les ayant conduits dehors, il dit :
« Seigneurs, que me faut-il faire pour être sauvé ? »
Et ils dirent :
« Crois au Seigneur Jésus,
et tu seras sauvé ainsi que ta maison. »

Et ils lui dirent la parole du Seigneur,
ainsi qu'à tous ceux qui étaient en son logis.
Et les prenant en cette heure de la nuit,
il lava les traces des coups ;
et furent baptisés lui et tous les siens aussitôt.
Et les ayant amenés à la maison, il fit mettre table,
et il se réjouit en famille d'être devenu croyant en Dieu.

Or, le jour venu,
les préteurs envoyèrent les licteurs dire :
« Relâche ces hommes-là. »
Et le geôlier rapporta ces paroles à Paul :
« Les préteurs ont mandé qu'on vous relâche ;
maintenant donc, sortant, allez en paix. »

Mais Paul leur dit :
« Nous ayant fait battre publiquement, sans condamnation,
nous qui sommes Romains,
ils (nous) ont jetés en prison,
et maintenant c'est en secret qu'ils nous mettent dehors !
Eh bien ! non ; qu'ils viennent eux-mêmes nous faire sortir. »

Et les licteurs rapportèrent aux préteurs ces paroles ;
et (ceux-ci) eurent peur en apprenant que c'étaient des Romains ;
ils vinrent leur faire des excuses,
et les ayant menés dehors, ils les prièrent de quitter la ville.
Or, sortis de la prison, ils entrèrent chez Lydie,
virent les frères, leur firent exhortation et partirent [6].

---

1. Itinéraire qui vient de la source, et de même le songe-vision de Paul à Troas.
2. Le texte n'est pas à prendre pour une pièce originale si exactement transcrite que la première apparition du « nous » dans le récit marque l'endroit où Luc serait entré dans la compagnie de Paul. L'apparition subite du « nous » est due aux mutilations que le rédacteur a pratiquées dans les récits, supprimant les circonstances réelles du départ d'Antioche et les notices particulières que Luc n'a pu manquer d'attribuer aux missions de Lycaonie, de Pisidie et de Galatie.
3. Renseignements clairs et précis ; mais la suite manque, et aussitôt après les débuts de l'évangélisation le rédacteur amène l'incident qui aurait obligé Paul à quitter Philippes, où pourtant il est resté assez longtemps pour fonder une communauté nombreuse.
4. L'histoire de la pythonisse exorcisée a dû être remaniée par le rédacteur, à moins qu'elle ne soit toute de son invention. Le thème de l'accusation ne suppose pas d'autre grief que la propagande, et c'est par la propagande même que la plainte a dû être occasion-

née. Ce qui est dit de la surexcitation populaire le donne à penser : le trait vient de source, et pareillement ce qui est dit de la flagellation et de l'emprisonnement. Comparer ce que dit Paul dans *I Thessaloniciens*, II, 2, et qui exclut la délivrance miraculeuse ici racontée.

5. Fiction naïve du rédacteur, d'après un thème commun de légende religieuse. Comparer Euripide, *Bacchantes*, 436-441, 502-503, 606-628.
6. La conclusion du récit semblerait ignorer les circonstances extraordinaires de la nuit de captivité, à moins que le tremblement de terre ne soit censé avoir existé que pour la prison. Elle n'est pas exempte de surcharge, car il y a contradiction entre la fière attitude de Paul, l'humble contenance des magistrats, et l'injonction de vider la place sans retard. La réclamation du citoyen romain aura été dédoublée du procès de Paul à Jérusalem. Paul aura été libéré, mais probablement sous caution fournie par ses amis (détail qui paraît transposé dans le récit suivant), et à condition de partir incontinent.

À THESSALONIQUE ET À BÉRÉE

Ayant passé par Amphipolis et Apollonie,
ils vinrent à Thessalonique,
où il y avait synagogue des Juifs
puis, selon qu'il était coutumier à Paul,
il entra chez eux,
et durant trois sabbats il s'entretint avec eux sur les Écritures,
expliquant et établissant
que le Christ devait souffrir et ressusciter des morts,
et que : « Le Christ, c'est Jésus, que je vous annonce. »

Et quelques-uns d'eux furent persuadés,
et ils furent gagnés à Paul et à Silas,
ainsi que grande quantité de Grecs adorateurs,
et des femmes de qualité en certain nombre.
Mais, pris de jalousie, les Juifs,
ayant recruté quelques vauriens de place publique et fait rassemblement,
mirent en révolution la ville,
et se portant à la maison de Jason,
ils auraient voulu les amener devant l'assemblée du peuple.

Mais, ne les ayant pas trouvés,
ils traînèrent Jason et quelques frères devant les politarques,
criant : « Ces gens qui bouleversent le monde se sont rendus de même ici ;
Jason les a reçus ;
et tous ceux-là aux édits de César contreviennent,
disant qu'il y a un autre roi, Jésus. »
Ainsi troublèrent-ils la foule et les politarques, qui entendaient cela ;
et (les politarques), caution prise de Jason et des autres, les relâchèrent [1].

Mais les frères aussitôt, de nuit,
firent partir Paul et Silas pour *Bérée* ;
(y) étant arrivés, ils allèrent à la synagogue des Juifs.
Or ceux-ci étaient mieux élevés que ceux de Thessalonique ;
ils reçurent la parole en tout empressement,
chaque jour recherchant dans les Écritures si c'était ainsi.
Plusieurs d'entre eux crurent donc,
et des femmes grecques de qualité,
et des hommes en certain nombre.

Mais quand les Juifs de Thessalonique eurent connu
qu'à Bérée aussi avait été annoncée par Paul la parole de Dieu,
ils vinrent agiter là de même et troubler les foules.
Tout de suite alors les frères firent partir Paul
pour aller jusqu'à la mer ;
et Silas et Timothée restèrent là.
Or ceux qui conduisaient Paul le menèrent jusqu'à Athènes ;
et prenant ordre pour Silas et Timothée
de venir au plus tôt près de lui, ils s'en allèrent [2].

---

1. Récit écourté et altéré. Le commencement doit venir de source ; mais l'émeute qui fait partir les missionnaires arrive tout de suite et trop tôt, comme à Philippes, provoquée cette fois par les Juifs. La description est tellement confuse que, *I Thessaloniciens* ne faisant allusion à aucun fait de ce genre, on est fondé à supposer que le rédacteur aura dédoublé, à la charge des Juifs de Thessalonique, l'émeute des païens qui a mis fin au ministère de Paul à Philippes.
2. Notice calquée sur celle de Thessalonique et pareillement suspecte, surtout pour ce qui est de la conclusion. Les indications relatives à Silas et à Timothée doivent avoir été altérées par le rédacteur, car elles ne s'accordent pas avec *I Thessaloniciens* (III, 1-2), ni même avec ce qu'on lit plus loin dans notre livre.

À ATHÈNES

Mais, pendant qu'à Athènes [1] les attendait Paul,
son esprit s'irritait en lui
à voir la ville remplie d'idoles. 1
Il discourait donc à la synagogue avec les Juifs et les adorateurs,
et sur la place publique chaque jour avec ceux qui se rencontraient.
Mais quelques-uns aussi des philosophes épicuriens
et stoïciens disputaient avec lui ; et les uns disaient :
« Que veut dire ce freux ? »
D'autres : « De divinités étrangères il paraît être prêcheur. »
Parce qu'il prêchait Jésus et la résurrection [2].

Et l'ayant pris, sur l'Aréopage ils le conduisirent,
disant : « Pouvons-nous savoir
quelle est cette nouvelle doctrine par toi enseignée ?
Car ce sont choses étranges que tu apportes à nos oreilles.
Nous voudrions donc savoir
ce que cela peut être. »
Or tous les Athéniens et les étrangers résidant autre loisir n'avaient
qu'à dire ou à entendre quelque chose de neuf.
Et Paul, se tenant au milieu de l'Aréopage, dit :

À ATHÈNES

« Hommes Athéniens, en tout très dévots je vous vois ;
car, passant, et regardant les objets de votre culte,
j'ai trouvé même un autel avec la dédicace :
« AU DIEU INCONNU [3] ».
Cet (être) donc que, sans le connaître, vous adorez,
c'est lui que je vous annonce.
Le Dieu qui a fait le monde
et tout ce qu'il contient,
étant seigneur du ciel et de la terre,
en temples fabriqués n'habite pas,
ni par mains humaines n'est servi,
(comme) ayant besoin de quelque chose,
lui qui donne à tous vie, souffle et tout.

Et il a fait que, d'un seul (issues),
toutes nations d'hommes demeurassent sur toute la face de la terre,
ayant fixé temps réglés,
et les limites de leur habitat,
afin qu'ils cherchassent Dieu,
si toutefois ils le pouvaient toucher ou trouver,
d'autant qu'il n'est pas loin de chacun de nous.

Car c'est en lui que nous vivons, nous mouvons et sommes,
comme aussi quelques-uns de vos poètes l'ont dit :
« CAR DE SA GENT AUSSI NOUS SOMMES [4]. »
Puis donc que nous sommes de la gent de Dieu,
nous ne devons pas penser qu'à or, argent ou pierre,
image due à technique et génie d'homme,
la divinité soit semblable.

Passant donc sur les temps d'ignorance,
Dieu maintenant avertit les hommes,
tous, partout, de se repentir,
parce qu'il a fixé jour
où il doit juger le monde en justice,
par homme qu'il y a destiné,
ayant donné garantie à tous en le ressuscitant des morts. »

Mais, entendant parler résurrection de morts,
les uns raillaient, et d'autres dirent :
« Nous t'entendrons là-dessus encore une fois. »
C'est ainsi que Paul sortit du milieu d'eux.
Quelques hommes pourtant, s'attachant à lui, crurent,
parmi lesquels Denys l'Aréopagite,
et une femme nommée Damaris,
et d'autres avec eux.

---

1. À peine subsiste-t-il quelque élément de source dans la relation du séjour à Athènes. Le discours à l'Aréopage est une composition du rédacteur, qui a voulu donner un spécimen de l'enseignement que Paul était capable d'offrir aux païens les plus cultivés : apologie philosophique, dans le genre de celles qu'ont publiées les apologistes chrétiens du second siècle. Un vers d'Aratus y est coquettement cité, comme pour tenir lieu des citations de prophètes qui ornent les autres discours. Presque tout le reste de la relation est pour la mise en scène et l'encadrement de cette belle oraison, découpée en cinq couplets de sept lignes chacun.
2. La dernière ligne : « parce qu'il prêchait », etc., pourrait être une glose interpolée : c'est pour s'expliquer sur les « divinités étrangères » que Paul est conduit au tribunal de l'Aréopage ; et le discours est censé prouver que Paul ne prêche pas un dieu étranger.
3. La substitution du « Dieu inconnu » aux « dieux inconnus » (signalée plus haut) aurait été impossible dans un discours réellement prononcé à Athènes.
4. L'hémistiche d'Aratus concerne Zeus et non le « Dieu inconnu ». Citation faite de seconde main, d'après un livre qui en contenait d'autres (remarquer la formule d'introduction), peut-être l'ouvrage (judéo-helléniste ?) où le rédacteur a pris la partie philosophique de son discours.

À CORINTHE

Après cela, s'éloignant d'Athènes, il vint à Corinthe [1] *;*
et ayant trouvé un Juif nommé Aquila,
originaire du Pont,
récemment arrivé d'Italie,
et Priscilla sa femme,
parce que Claude avait décrété que tous les Juifs s'éloignassent de Rome,
il se joignit à eux,
et parce qu'il était du même métier,
il demeura chez eux,
et ils travaillaient ;
car ils étaient, de métier, faiseurs de tentes.

Et il discourait en la synagogue chaque sabbat,
et il persuadait Juifs et Grecs.
Mais, quand furent arrivés de Macédoine
Silas et Timothée,
Paul fut pris par la parole [2]*,*
prouvant aux Juifs que Jésus était le Christ.
Et comme ils résistaient et blasphémaient,
secouant ses vêtements, il leur dit :

« Que votre sang retombe sur votre tête !
(En étant) innocent, désormais aux Gentils
j'irai. »

Et partant de là,
il vint à la maison d'un appelé Titius Justus,
adorateur de Dieu,
dont la maison était contiguë à la synagogue.

Or Crispus, l'archisynagogue,
crut au Seigneur avec toute sa maison,
et beaucoup de Corinthiens, entendant (la parole),
croyaient et se faisaient baptiser [3].

Et le Seigneur dit de nuit,
en vision, à Paul :
« N'aie pas peur,
mais parle et ne te tais pas ;
car je suis avec toi,
et nul ne t'attaquera de façon à te nuire,
parce que peuple nombreux est à moi en cette ville. »
Et il siégea un an et six mois,
enseignant parmi eux la parole de Dieu.

Or, pendant que Gallion était proconsul d'Achaïe [4],
les Juifs unanimement se jetèrent sur Paul,
et ils le conduisirent au tribunal, disant :
« C'est de façon contraire à la Loi que celui-ci engage
les hommes à honorer Dieu. »
Mais, Paul allant ouvrir la bouche,
Gallion dit aux Juifs :

« S'il s'agissait de quelque injustice ou mauvais coup,
Juifs,
comme de raison je vous accueillerais ;
mais si ce sont querelles à propos de doctrines et de noms,
et de loi à vous propre,
voyez-y vous-mêmes ;
de ces choses-là je ne veux pas être juge. »

Et il les renvoya du tribunal.
Mais tous, s'emparant de Sosthénès, l'archisynagogue,
le battaient devant le tribunal ;
et à rien de cela Gallion ne prenait garde.

---

1. Relation surchargée, incohérente et mutilée. La mention de l'édit de Claude contre les Juifs est une glose rédactionnelle, introduite après coup dans la notice concernant Aquila et Priscilla : ce pourrait donc être un de ces synchronismes arbitrairement établis par le rédacteur avec les ressources de son érudition trop facile (se rappeler les bévues de Gamaliel et la famine). Ce qui est dit de la brouille avec les Juifs est surajouté, d'après le cliché convenu qui veut que partout Paul ne s'adresse aux païens qu'après avoir été repoussé par les Juifs.
2. Dans l'ordre primitif du récit, Paul avait simplement travaillé de son métier, en attendant l'arrivée des disciples, qui lui apportèrent un secours des fidèles de Macédoine (*II Corinthiens*, XI, 7-9) ; puis il quitte la maison d'Aquila pour s'installer auprès de la synagogue et s'adonner tout entier à son ministère. Il prêche à la synagogue (Crispus se convertit, en suite de cette prédication).
3. Il y a ici une lacune, le rédacteur ayant laissé tomber pour le moins l'indication des difficultés que suppose la vision qui suit ; et il y a une autre lacune après cette vision, la conclusion du ministère corinthien arrivant brusquement, sans aucun détail sur les faits advenus après la vision.
4. Le récit de l'émeute juive qui conduit Paul devant le proconsul Gallion vient comme en dehors et en surcharge de la mission corinthienne : rien de net en cette histoire que sa signification pour l'apologétique du rédacteur. Gallion fut à Corinthe dans la seconde moitié de l'an 51 et la première de l'an 52 ; mais, si Luc faisait mention de lui, c'était en d'autres conditions ; le rédacteur pourrait avoir connu par ailleurs la magistrature corinthienne de Gallion, et avoir exploité ce nom, comme il a exploité plus haut, très gratuitement, celui de Sergius Paulus.

EN SYRIE ET EN GALATIE —
APOLLOS

1

Cependant Paul, étant resté encore beaucoup de jours,
congé pris des frères,
s'embarqua pour la Syrie,
et avec lui Priscilla et Aquila,
après s'être fait couper les cheveux à Kenchrées ;
car il avait un vœu.

Et ils arrivèrent à Éphèse,
et il les y laissa ;
mais lui-même, étant entré en synagogue,
s'entretenait avec les Juifs ;
ceux-ci lui demandant de rester plus longtemps,
il ne consentit point.

Mais, prenant congé et disant :
[Il faut absolument
que je fasse la fête prochaine à Jérusalem] [2] ;
je reviendrai chez vous,
s'il plaît à Dieu »,
il partit d'Éphèse.

Et descendu à Césarée,
après être monté et avoir salué la communauté,
il descendit à Antioche [3] ;
et y ayant passé quelque temps, il s'en alla,
traversant successivement le pays de Galatie et la Phrygie,
en affermissant tous les disciples.

Or certain Juif nommé Apollos,
Alexandrin d'origine, homme instruit,
vint à Éphèse,
qui était fort expert dans les Écritures.
Il était informé de la voie du Seigneur,
et, ardent d'esprit, il parlait,
et il enseignait exactement ce qui concerne Jésus,
tout en connaissant seulement le baptême de Jean [4].

Il s'était mis à parler avec assurance en la synagogue ;
mais, l'ayant entendu,
Priscilla et Aquila le prirent avec eux
et lui expliquèrent plus exactement la voie de Dieu.

Et comme il se proposait de passer en Achaïe,
les frères, l'y encourageant,
écrivirent aux disciples de le recevoir.
Étant arrivé,
il fut de grand secours aux croyants par (son) don.
Car il réfutait vigoureusement les Juifs en public,
prouvant par les Écritures
que Jésus était le Christ.

---

1. Récit mal venu et en grande partie fictif. L'indication du départ est surchargée pour le raccord de la notice avec l'incident de Gallion. La Syrie est indiquée comme but du voyage, parce que le rédacteur a jugé bon de conduire Paul à Jérusalem entre la mission d'Éphèse et celle de Corinthe, et qu'il a dédoublé à cet effet la dernière démarche de Paul auprès de la communauté-mère ; ce qui est dit du vœu de Paul est en rapport avec la circonstance du pèlerinage et transposé de la relation du dernier voyage, dont une particularité importante, le nazirat de l'Apôtre, se trouve altérée et obscurcie par cette transposition. La visite de Paul à la synagogue d'Éphèse est une surcharge mal venue : si Paul est dit « laisser » à Éphèse Aquila et Priscilla, c'est pour aller sans eux dans un autre pays. La surcharge et le voyage à Jérusalem, non mentionné dans les épîtres, sont pour dissimuler la raison qui a déterminé Paul à se

rendre auprès des communautés fondées par lui en Galatie et en Phrygie : à cette date, ceux que les épîtres traitent de judaïsants, c'est-à-dire à peu près tous les agents de la propagande chrétienne, dont Paul s'est séparé, commencent à s'inquiéter de l'œuvre accomplie par le missionnaire dissident et à l'inquiéter lui-même ; il a dû visiter les communautés galates en prévision de l'offensive qui s'annonçait contre lui (voir *Galates*, I, 9).

2. Les mots entre crochets manquent dans les manuscrits les plus autorisés ; mais ils semblent nécessaires et pourraient avoir été supprimés par des gens qui s'efforçaient de ne pas entendre le verset suivant d'un voyage à Jérusalem (mais « monter » et « descendre » sont locutions courantes pour l'aller et retour du pèlerinage).

3. Les épîtres ne gardent pas trace de relations conservées par Paul avec la communauté d'Antioche.

4. Notice retouchée. La restriction : « connaissant seulement le baptême de Jean », contredit ce qui précède ; ce qui suit, coordonné à cette réserve, vient du rédacteur ; de même le dernier verset, où la prédication d'Apollos à Corinthe est tournée en réfutation continue des Juifs. Ainsi a été voilé le rôle d'Apollos dans la fondation de la communauté éphésienne et dans le développement de la communauté corinthienne, aussi bien que les difficultés qui en résultèrent pour Paul à Corinthe. On dirait que le rédacteur assimile, pour commencer, Apollos à ce qui restait de véritables judaïsants au second siècle, comme représentant d'un christianisme non apostolique.

PAUL À ÉPHÈSE

*Or advint, pendant qu'Apollos, était à Corinthe,
que Paul, ayant traversé les hauts pays,*
vint à Éphèse et y trouva certains disciples ;
et il leur dit :
« Est-ce qu'Esprit saint vous avez reçu en croyant ? »
Et eux (de) lui (répondre) :
« Mais nous n'avons pas même ouï-dire qu'il y ait Esprit saint. »
Et il dit : « À quoi donc avez-vous été baptisés ? »
Et ils dirent : « Au baptême de Jean. »

Et Paul dit :
« Jean baptisait d'un baptême de repentance,
disant au peuple de croire en celui qui venait après lui,
c'est-à -dire en Jésus [1]. »
Ce qu'ayant entendu, ils furent baptisés
au nom du Seigneur Jésus.
Et Paul leur ayant imposé les mains,
l'Esprit saint vint sur eux,
et ils parlaient en langues et prophétisaient.
Or ces hommes étaient en tout une douzaine [2].

Et entré dans la synagogue,

il (y) parla avec assurance durant trois mois, discourant, et inculquant les choses du royaume de Dieu.

Et comme quelques-uns s'obstinaient et refusaient de croire,
décriant la voie devant l'assemblée,

s'étant retiré d'eux, il prit à part les disciples, discourant chaque jour dans la salle de Tyrannus.

Or cela eut lieu pendant deux années,

en sorte que tous les habitants de l'Asie entendirent la parole du Seigneur [3],

tant Juifs que Grecs.

Or miracles non ordinaires
Dieu faisait par les mains de Paul,
à tel point que pour (les appliquer) aux malades
on prenait sur son corps mouchoirs ou tabliers,
et que se retiraient d'eux les maladies,
que les esprits mauvais s'en allaient [4].

Mais se risquèrent quelques-uns
aussi des exorcistes juifs ambulants
à invoquer sur ceux qui avaient les esprits mauvais
le nom du Seigneur Jésus,
disant : « Je vous adjure par Jésus, que Paul prêche. »

C'étaient d'un certain Scévas, grand-prêtre juif,
les sept fils, qui faisaient cela.
Mais, répliquant, l'esprit mauvais leur dit :
« Je connais Jésus,
et je sais qui est Paul ;
mais vous, qui êtes-vous ? »

Et se jetant sur eux, l'homme
en qui était l'esprit mauvais,
(et) les maîtrisant tous, fut tellement plus fort qu'eux,
que nus et couverts de blessures ils s'enfuirent de cette maison [5].
Et cela fut connu de tous Juifs et Grecs habitant Éphèse,
et tomba crainte sur eux tous,
et l'on célébrait le nom du Seigneur Jésus.

PAUL À ÉPHÈSE 161

Et beaucoup de ceux qui avaient cru venaient,
confessant et déclarant leurs pratiques ;
et plusieurs de ceux qui avaient cultivé la magie,
rassemblant les livres, les brûlaient devant tous ;
et l'on en estima le prix,
et l'on (en) trouva (pour) cinquante mille (pièces) d'argent [6].
Ainsi avec puissance la parole du Seigneur se répandait
et prévalait.

---

1. Référence à *Luc*, III, 15-16.
2. Notice fictive en grande partie, à expliquer comme la précédente. Noter que les douze disciples dépourvus d'Esprit saint sont dans la situation où le rédacteur a voulu mettre les Samaritains convertis par Philippe. Les douze représentent peut-être le groupe croyant qu'Apollos avait recruté.
3. Sommaire de la relation authentique, dont on a retranché le détail des succès obtenus et des difficultés rencontrées.
4. Digne pendant aux miracles, tout rédactionnels, opérés par l'ombre de Pierre.
5. La mésaventure des exorcistes juifs paraît être une anecdote empruntée pour adaptation à l'histoire de Paul. Le nom de Skevas ne figure pas sur la liste des grands-prêtres.
6. Cela a grande chance d'être une leçon donnée par le rédacteur à ses lecteurs chrétiens.

Partie Cinq
LE VOYAGE DE PAUL À JÉRUSALEM ET SA CAPTIVITÉ

PROJETS DE PAUL — L'ÉMEUTE D'ÉPHÈSE

Or, lorsque ces choses furent accomplies,
Paul résolut en l'Esprit,
après avoir traversé la Macédoine et l'Achaïe,
de se rendre à Jérusalem,
disant : « Quand j'aurai été là,
il faut que Rome aussi je voie. »
Et ayant envoyé en Macédoine deux de ses auxiliaires,
Timothée et Eraste,
lui-même resta quelque temps en Asie [1].

Or advint, en ce temps-là,
agitation non petite à propos de la voie.
Car un nommé Démétrius, orfèvre,
fabriquant en argent des temples d'Artémis,
procurait aux gens du métier non petit gain ;
les ayant réunis,
ainsi que les ouvriers employés à ces choses,
il dit : « Hommes,

Vous savez que de cette industrie notre bien-être vient,
et vous voyez et apprenez

que, non seulement à Éphèse
mais en presque toute l'Asie,
ce Paul a par persuasion détourné beaucoup de gens,
disant que ne sont pas dieux ceux qui par mains se font.
Or il n'y a pas danger seulement que notre métier tombe en discrédit
mais encore que le temple de la grande déesse Artémis soit compté pour rien
et que doive aussi disparaître le prestige de celle
que toute l'Asie et le monde révèrent. »

Ayant entendu cela et s'étant remplis de colère,
ils crièrent disant : « Grande est l'Artémis des Éphésiens ! »
Et la ville fut remplie de ce tumulte,
et ils se précipitèrent en masse au théâtre,
emmenant avec eux Gaïus et Aristarchus,
Macédoniens,
compagnons de Paul.

Et comme Paul voulait pénétrer dans l'assemblée du peuple,
les disciples ne le lui permirent pas ;
et quelques-uns aussi des asiarques,
qui lui étaient amis, lui envoyant message,
le priaient de ne se point montrer au théâtre.

Et donc les uns criaient une chose, les autres une autre ;
car l'assemblée était en confusion,
et la plupart ne savaient pas
pourquoi ils étaient réunis.

Or de la foule on dégageait Alexandre,
que mettaient en avant les Juifs ;
et Alexandre, faisant signe de la main,
se disposait à s'expliquer devant l'assemblée du peuple.

Mais, (les gens) reconnaissant qu'il était Juif,
ce fut une seule voix de tous,
pendant environ deux heures, à crier :
« Grande est l'Artémis des Éphésiens ! »

Enfin le grammate, ayant calmé la foule, dit :
« Hommes Éphésiens,
qui est-ce, en effet, des hommes
qui ne sache pas que la ville des Éphésiens
est néocore de la grande Artémis et de (l'image) tombée du ciel ?

Cela donc étant, incontestable,
il convient que calmes vous soyez
et rien d'inconsidéré ne fassiez.
Car vous avez amené ces hommes,
sans qu'ils soient sacrilèges ni blasphémateurs de votre déesse.

Si donc Démétrius et ceux du métier qui sont avec lui
ont contre quelqu'un grief,
il se tient des audiences,
et il y a des proconsuls :
que l'on porte plaintes réciproques.

Mais si c'est quelque autre difficulté que vous avez,
dans l'assemblée régulière on la résoudra ;
aussi bien risquons-nous d'être accusés de sédition pour aujourd'hui,
n'y ayant aucun motif
par lequel nous puissions rendre raison de cet attroupement. »
Et cela dit, il congédia l'assemblée [2].

---

1. Notice authentique, qui devait se rattacher originairement à la conclusion des opérations apostoliques à Éphèse et en Asie.
2. Au détail des changements et retards intervenus dans les plans de Paul, en raison des troubles survenus dans la communauté corinthienne et des démarches successives où Paul s'est trouvé par suite engagé, le rédacteur a substitué hardiment le tableau de l'émeute d'Éphèse, laissant d'ailleurs entendre au lecteur que le projet annoncé, d'aller à Jérusalem après avoir visité la Macédoine et l'Achaïe, s'était accompli comme il avait été prévu et sans le moindre embarras.

Même dans l'économie actuelle de la narration, l'émeute d'Éphèse ne tient à rien ; elle se substitue aux tribulations et dangers très graves que Paul a rencontrés dans sa mission d'Asie (*I Corinthiens*, XV, 32 ; XVI, 9).

Comme le passage où il est question de Paul et de ses compagnons (depuis : « emmenant avec eux Gaïus », etc.) et l'allusion aux compagnons de Paul dans le discours du magistrat municipal ont l'apparence de surcharges, tout porte à croire que le rédacteur s'est approprié un récit quelconque d'émeute contre les Juifs, dont il a fait une émeute contre Paul.

PAUL EN GRÈCE ET À TROAS

Et après qu'eut cessé le tumulte,
Paul, ayant fait venir les disciples et les ayant exhortés,
(leur) dit adieu (et) partit pour se rendre en Macédoine.
Et ayant traversé ces contrées
et les ayant exhortés en abondant discours,
il vint en Hellade.
Et (y) ayant passé trois mois,
complot s'étant fait contre lui par les Juifs
quand il allait s'embarquer pour la Syrie,
il décida de retourner par la Macédoine [1].

Et l'accompagnaient : *Sopater (fils) de Burrhus, Béréen ;*
des Thessaloniciens, Aristarchus et Secundus ;
Gaïus Derbéen, et Timothée,
et les Asiates Tychicus et Trophimus [2].
Et ceux-ci, ayant pris les devants, nous attendirent à Troas ;
mais nous, nous démarrâmes, après les jours des azymes,
de Philippes
et nous les rejoignîmes à Troas
en cinq jours,
et nous y restâmes sept jours [3].

Or, le premier jour de la semaine,
nous étant réunis pour rompre le pain,
Paul les entretenait,
devant partir le lendemain,
et il prolongea le discours jusqu'à minuit.
Et il y avait lampes nombreuses
en la chambre haute où nous étions réunis.

Or un jeune homme nommé Eutychus,
assis sur la fenêtre,
céda à un lourd sommeil,
Paul discourant longuement ;
entraîné par le sommeil,
il tomba du troisième étage en bas,
et il fut relevé mort.

Mais, étant descendu, Paul se jeta sur lui,
et, l'ayant pris dans ses bras, il dit : « Ne vous inquiétez pas,
car son âme est en lui ».
Et remonté, ayant rompu le pain et mangé,
puis parlé abondamment jusqu'à l'aube, il s'en alla ainsi.
Et l'on amena le garçon vivant,
et l'on en fut consolé grandement [4].

---

1. Aperçu fictif des mouvements que s'est donnés Paul depuis qu'il a quitté Éphèse, jusqu'au moment où il est parti de « l'Hellade », — Corinthe étant délibérément passée sous silence, — pour se rendre à Jérusalem. On sait, par les épîtres aux Corinthiens, que, dans la réalité, Paul, après sa mission d'Éphèse, a dû venir directement à Corinthe, y a été mal reçu, est retourné en Asie, est revenu par Troas en Macédoine, d'où, réconcilié avec la communauté corinthienne, il s'est rendu à Corinthe : c'est de là que finalement il est parti, comme on le dit ici, pour Jérusalem. La mention des trois mois passés en « Hellade » pourrait avoir marqué dans la source la durée du dernier séjour de Paul à Corinthe. Quant au complot juif, c'est une fausse explication du détour que fait Paul en repassant par la Macédoine : le vrai motif doit être que les délégués des communautés macédoniennes ne sont pas venus à Corinthe comme il l'avait pensé, pour l'accompagner de là dans son pèlerinage, et que c'est lui qui les est allé prendre. Mais le rédacteur se tait délibérément sur la collecte, parce que ce fait gêne sa thèse apologétique, en montrant que, dès le commencement, le christianisme s'est organisé en dehors du judaïsme.
2. Les disciples macédoniens qui sont nommés comme compagnons de Paul portaient la collecte de leur communauté ; les deux disciples d'Asie ont porté la collecte d'Éphèse. Mais la mention de ceux-ci montre que la liste des compagnons anticipe

sur la relation de la traversée ; car Paul n'a dû les prendre avec lui qu'à Milet. Les deux autres disciples, Gaius et Timothée, sont des auxiliaires de Paul et ne sauraient être considérés comme porteurs de collectes, à moins que la liste ne soit altérée et que Gaius ne soit un corinthien (celui de *Romains*, XVI, 23), qui a porté la collecte d'Achaïe.

3. La relation de la traversée se rattache gauchement à l'énumération des compagnons, et le « nous » y reparaît subitement. Le « nous » reparaît parce que le rédacteur reprend le fil du document original, depuis longtemps coupé et recoupé. Si l'on ne savait par les épîtres que Luc n'était pas avec Paul à Athènes, ni pendant la mission de Corinthe, ce n'est point par les Actes qu'on pourrait le prouver.

4. Mal lié au contexte, nonobstant le « nous » du début, le miracle de Troas pourrait avoir été imaginé par le rédacteur d'après les modèles de l'Ancien Testament, comme la résurrection de Dorcas, à laquelle il fait pendant.

À MILET

Quant à nous, prenant les devants sur le bateau,
nous nous transportâmes à Assos,
où nous devions reprendre Paul ;
car ainsi l'avait-il réglé,
voulant lui-même aller par terre.
Et quand il nous eut rejoints à Assos,
l'ayant repris, nous vînmes à Mitylène ;
et de là faisant voile le lendemain, nous arrivâmes en face de Chios ;
le jour suivant, nous abordâmes à Samos,
et nous vînmes le jour d'après à Milet.

Car Paul avait résolu de passer Éphèse,
pour ne point perdre de temps en Asie ;
car il se hâtait, afin, s'il lui était possible,
d'être le jour de la pentecôte à Jérusalem.
Or, de Milet, envoyant à Éphèse,
il manda les anciens de la communauté,
et quand ils furent arrivés près de lui,
il leur dit [1] *:*

« Vous savez comment, du premier jour où j'entrai en Asie,
avec vous tout le temps je me comportai,
servant le Seigneur en toute humilité, et larmes,
et épreuves qui me vinrent par les machinations des Juifs ;
que je n'ai rien omis de ce qui pouvait être utile,
vous prêchant et vous enseignant en public et en maisons,
recommandant, tant aux Juifs qu'aux Grecs,
la conversion à Dieu et la foi en notre Seigneur Jésus-Christ.

Et maintenant me voici, lié en l'Esprit,
qui vais à Jérusalem,
ne sachant ce qui m'y arrivera,
sauf que l'Esprit saint en chaque ville m'avertit,
disant que chaînes et tribulations m'attendent.
Mais d'aucun prix je ne tiens ma vie,
moyennant que j'accomplisse ma course
et le ministère que j'ai reçu du Seigneur Jésus :
proclamer l'évangile de la grâce de Dieu.

Et maintenant je sais, moi, que vous ne verrez plus mon visage [2]
vous tous parmi lesquels j'ai passé, prêchant le règne.
C'est pourquoi je vous atteste aujourd'hui
que je suis pur du sang de tous ;
car je n'ai pas omis de vous annoncer toute la volonté de Dieu.
Prenez garde à vous et à tout le troupeau
où l'Esprit saint vous a placés comme évêques [3] pour paître la communauté du Seigneur,
qu'il s'est acquise par son sang.

Je sais qu'entreront après mon départ méchants loups chez vous,
n'épargnant pas le troupeau,
et que d'entre vous-mêmes s'élèveront hommes disant choses perverses
pour entraîner les disciples à leur suite [4].
C'est pourquoi veillez, vous souvenant
que, trois ans, nuit et jour, je n'ai cessé d'exhorter avec larmes un chacun.
Et maintenant je vous recommande à Dieu
et à sa parole de grâce,

à Celui qui a pouvoir d'édifier
et de donner l'héritage parmi tous les sanctifiés.

Ni argent ni or ni habillement quelconque je n'ai désiré.
Vous-mêmes savez
qu'à mes besoins et à ceux de mes compagnons
ce sont ces mains qui ont pourvu en tout.
Je vous ai montré que c'est en travaillant ainsi
qu'il faut soutenir les faibles
et se souvenir des paroles du Seigneur Jésus,
qui a dit lui-même :
« Il est plus de bonheur à donner qu'à recevoir [5]. »

Et cela dit, s'agenouillant,
avec eux tous il pria.
Et beaucoup de larmes il y eut de tous ;
et se jetant au cou de Paul, ils l'embrassaient,
affligés surtout de la parole qu'il avait dite :
qu'ils ne devaient plus voir son visage.
Et ils lui faisaient conduite au bateau.

---

1. Ici le rédacteur a voulu loger un discours de Paul aux anciens d'Éphèse, type d'allocution pastorale et de recommandations aux chefs de communautés, où Paul lui-même s'offre en modèle. La surcharge est d'autant plus sensible que l'arrêt de plusieurs jours à Milet ne s'accorde pas avec ce qui vient d'être dit touchant la nécessité où se trouvait Paul de passer Éphèse. L'objet réel de l'arrêt à Milet devait être d'y recueillir les porteurs de la collecte d'Asie.
2. On notera que le rédacteur, qui ne racontera pas la mort de Paul, a soin de la lui faire pressentir en ce discours comme conséquence du voyage entrepris.
3. Sur les « anciens » et les « évêques », voir plus haut.
4. Ce passage vise les hérésies gnostiques.
5. La parole citée comme de Jésus à la fin du discours ne se rencontre dans aucun évangile. C'est une sentence de morale juive (*Ecclésiastique*, IV, 31, la donne sous une forme un peu différente), dont on a fait honneur à Jésus pour la conformité qu'on a pensé y trouver avec l'esprit de l'Évangile.

SUITE DU VOYAGE — PAUL À CÉSARÉE

Et quand nous eûmes embarqué,
nous étant séparés d'eux,
nous vînmes en course directe à Cos,
le lendemain à Rhodes,
et de là à Patara.
Et ayant trouvé un vaisseau en partance pour la Phénicie,
(y) montant, nous rembarquâmes,
Et arrivés en vue de Chypre
et l'ayant laissée à gauche,
nous naviguâmes vers la Syrie
et nous abordâmes à Tyr ;
car c'est là que le vaisseau déchargeait la cargaison.

Or, ayant trouvé les disciples,
nous y restâmes sept jours ;
ils disaient à Paul par l'Esprit
de ne monter point à Jérusalem [1]*.*

Et lorsque nous eûmes accompli les jours,
étant sortis, nous partions,
eux tous nous faisant conduite avec femmes et enfants

*jusque hors de la ville ;
et nous étant agenouillés sur le rivage pour prier,
nous nous dîmes mutuellement adieu ;
et nous montâmes sur le vaisseau,
et eux s'en retournèrent chez eux.*

*Quant à nous, achevant la navigation,
de Tyr nous arrivâmes à Ptolémaïs,
et ayant salué les frères,
nous restâmes un jour chez eux.
Et étant partis le lendemain, nous vînmes à Césarée,
et étant entrés dans la maison de Philippe l'évangéliste,
qui était des Sept,
nous demeurâmes chez lui,
Or il avait quatre filles vierges qui prophétisaient* [2].

Et étant restés plusieurs jours,
il descendit de Judée un prophète nommé Agabus ;
et venant à nous, et prenant la ceinture de Paul,
dont il se lia les pieds et les mains, il dit :
« Voici ce que dit l'Esprit saint :
« L'homme à qui est cette ceinture,
ainsi le lieront à Jérusalem les Juifs
et ils le livreront en mains de Gentils. »

Et quand nous eûmes entendu cela,
nous le priâmes, nous et ceux de l'endroit,
de ne pas monter à Jérusalem.
Alors Paul répondit :
« Qu'avez-vous à faire de pleurer
et de me briser le coeur ?

Car, moi, ce n'est pas seulement à être lié,
mais à mourir à Jérusalem que je me tiens prêt
pour le nom du Seigneur Jésus.
Et comme il ne se laissait pas persuader,
nous nous tînmes tranquilles, disant :
« Du Seigneur la volonté soit faite ! »

1. Suite du journal de navigation. La notice de la rencontre avec les fidèles de Tyr paraît surchargée, l'avertissement prophétique donné à Paul étant comme suspendu en l'air (cet avertissement est dans une correspondance compromettante avec ce que Paul a dit à Milet).
2. Morceau de source, mais coupé de sa suite naturelle. Après la mention des quatre filles prophétesses on attendrait d'elles une révélation. Le rédacteur a pensé que, pour la circonstance, un prophète ferait mieux, et il a exploité Agabus, dont il s'était déjà servi (les deux fictions sont exactement parallèles) ; il le fait venir tout exprès de Jérusalem, retenant Paul à Césarée pour donner au prophète hiérosolymitain le temps de se déplacer, et il lui attribue un oracle où le geste complète les paroles, comme il arrive parfois dans l'Ancien Testament. Cependant la conclusion de l'incident pourrait être celle que Luc donnait à la prévision émise par les filles de Philippe.

À JÉRUSALEM

Or, après ces jours, ayant pris nos effets,
nous montâmes à Jérusalem ;
et vinrent aussi des disciples de Césarée avec nous,
qui nous menèrent loger chez certain Mnason,
Chypriote, disciple ancien.
Et quand nous fûmes à Jérusalem,
les frères nous firent bon accueil.

Et le lendemain, Paul se rendit avec nous
chez Jacques,
et s'y trouvèrent tous les anciens
et les ayant salués,
il leur racontait dans le détail
ce que Dieu avait fait chez les Gentils par son ministère [1].
Et eux, l'ayant entendu, glorifièrent Dieu,
et ils lui dirent :

« *Tu vois, frère,
combien de myriades il y a, parmi les Juifs,
de ceux qui croient* [2],
et tous sont zélateurs de la Loi.

Or on leur a rapporté de toi
que tu enseignes apostasie envers Moïse à tous les Juifs chez les Gentils
leur disant de ne pas circoncire les enfants
ni se conformer aux coutumes.

Que faire donc ? Sûrement ils apprendront que tu es venu.
Fais donc ce que nous t'allons dire :
nous avons quatre hommes ayant vœu sur eux-mêmes ;
les ayant pris, purifie-toi avec eux,
et paie pour eux, afin qu'ils se coupent les cheveux [3].

Et tous sauront que de ce qui leur a été rapporté de toi rien n'existe, mais que tu te conduis, toi aussi, en observateur de la Loi.

Quant aux Gentils qui croient,
nous leur avons mandé précepte de s'abstenir des idolothytes
et du sang,
de l'étouffé et de la fornication [4]. »
Alors Paul, ayant pris les hommes,
le lendemain, purifié avec eux, entra dans le temple,
(et) déclara le terme des jours de la consécration
où devrait être offert pour chacun d'eux le sacrifice.

---

1. La source a fourni les détails touchant le départ de Césarée et l'arrivée à Jérusalem, chez Mnason de Chypre (sauf les mots : « après ces jours », qui ont égard à l'intervention d'Agabus), probablement aussi la visite à Jacques le lendemain de l'arrivée ; mais le rédacteur anticipe gauchement, avant la visite à Jacques, une réception favorable par les frères. Le récit original de la réception chez Jacques a été certainement mutilé et altéré. Paul et ses compagnons apportaient la collecte des communautés d'Achaïe, de Macédoine et d'Asie : Luc ne manquait pas de signaler la présentation de cette offrande, qui sans doute fut acceptée. Le rédacteur supprime ce trait essentiel ; il retient seulement que Paul a raconté ses missions et que les anciens ont été heureux de leurs résultats.
2. Le discours des anciens, qui paraît n'avoir été altéré que dans certains détails de la rédaction, contient tout autre chose que des félicitations : il y est question d'un sentiment général d'hostilité contre Paul et de la conduite qu'il doit tenir en conséquence de ce sentiment. Mais ce qui est dit d'abord du grand nombre des Juifs prévenus contre Paul n'a aucun sens par rapport aux chrétiens judaïsants, qui ne sont pas des myriades, et dont les principaux sont l'auditoire même à qui Paul vient d'offrir la collecte et de raconter ses conquêtes. Luc parlait du commun des Juifs ; le mot « croyants » a été ajouté par le rédacteur, et la suite du discours a été remaniée en conséquence de cette première altération.

À JÉRUSALEM 179

3. Les anciens sont censés recommander à Paul un moyen de se justifier devant les judaïsants qui ont entendu dire qu'il enseigne le mépris de la Loi, et ils l'engagent à se soumettre à l'observance du nazirat (vœu de sacrifice avec observance spéciale entre le moment du vœu et sa résolution par le sacrifice). Or il est moralement certain, d'après la nature de la chose (la durée normale de l'observance étant de trente jours) et l'état de nos textes, que Paul avait fait son vœu de nazir en partant de Corinthe (voir note 1, p. 213), et qu'il voulait arriver à Jérusalem pour l'accomplir à la fête de la pentecôte. D'autre part, l'accomplissement du vœu n'aurait pas prouvé ce que veut le discours, et pratiquement, il ne prouvait rien, puisqu'il n'a pas été affiché et que Paul, en fait, a été reconnu par hasard dans le temple. Le conseil donné à Paul n'a de signification que s'il suggère à l'apôtre un moyen de passer inaperçu dans l'accomplissement de son vœu : hypothèse qui est confirmée par la suite du récit.

4. Le rédacteur entend prouver à ses lecteurs que Paul a toujours été un bon Juif et que les chrétiens non circoncis sont aussi de vrais Israélites, parce qu'ils sont en règle avec la Loi : de là l'addition du mot « croyants » ; de là la transition véritablement artificielle qui rattache la seconde partie du discours à la première ; de là la référence boiteuse au décret pseudo-apostolique.

L'ARRESTATION

Or, comme les sept jours allaient être accomplis [1],
les Juifs d'Asie, l'ayant vu dans le temple,
ameutèrent toute la foule et mirent les mains sur lui en criant :

« Hommes Israélites, au secours !
Voici l'homme
qui, contre la nation et la Loi,
et ce lieu-ci,
tous partout enseigne ;
et encore il a même introduit des Grecs dans le sanctuaire
et profané ce saint lieu ! »

Car ils avaient vu auparavant Trophimus
l'Ephésien dans la ville avec lui,
(et) ils pensaient que Paul l'avait introduit dans le sanctuaire.
Et s'émut la ville entière,
et il y eut affluence du peuple.
Et s'étant saisis de Paul,
ils le traînaient hors du sanctuaire,
et aussitôt on ferma les portes.

L'ARRESTATION

Et pendant qu'ils cherchaient à le tuer,
avis parvint au tribun de la cohorte
que Jérusalem entière était agitée :
aussitôt, prenant soldats et centurions,
il courut à eux ;
et eux, voyant le tribun et les soldats,
cessèrent de frapper Paul.

Alors, s'approchant, le tribun se saisit de lui,
et il ordonna de le lier de deux chaînes,
puis il demanda qui il était et ce qu'il avait fait.
Mais les uns criaient ceci (d'autres cela) dans la foule ;
et ne pouvant savoir le vrai à cause du tumulte,
il ordonna de le conduire au quartier [2].

Mais, lorsqu'il fut sur les degrés,
il dut être porté par les soldats, parce que la foule pressait ;
car la masse du peuple suivait,
criant : « Enlève-le ! »
Et comme on allait l'introduire au quartier,
Paul dit au tribun :
« Me serait-il permis de te dire un mot [3] ? »
Et il dit : « Tu sais le grec ?
Tu n'es donc pas l'Égyptien qui, ces jours passés, a soulevé
et emmené au désert les quatre mille hommes des brigands [4] ? »

Et Paul dit :
« Je suis, moi, homme juif,
citoyen de Tarse en Cilicie, ville assez connue.
Mais, je t'en prie,
permets-moi de parler au peuple. »
Et avec sa permission,
Paul, se tenant sur les degrés,
fit signe de la main au peuple,
et grand silence s'étant produit,
il (les) harangua en langue hébraïque, disant :

« Hommes frères et pères,
écoutez la défense que maintenant je vous adresse. »

Or, entendant qu'il les haranguait en langue hébraïque,
ils se tinrent encore plus tranquilles ;
et il dit :
« Je suis homme juif,
né à Tarse de Cilicie,
mais élevé dans cette ville-ci,
aux pieds de Gamaliel [5] instruit
selon la rigueur de la Loi des ancêtres,
étant zélateur de Dieu
comme vous tous l'êtes aujourd'hui.

Cette secte j'ai poursuivie à mort,
enchaînant et mettant aux prisons hommes et femmes,
comme aussi le grand-prêtre m'en témoigne, et tout le sénat.
C'est encore avec lettres reçues d'eux pour les frères
que j'allai à Damas,
devant aussi amener ceux de là enchaînés à Jérusalem
pour qu'ils fussent punis.

Or m'advint, comme j'allais
et approchais de Damas,
que vers midi tout à coup du ciel
éclata grande lumière autour de moi ;
et je tombai sur le sol,
et j'entendis une voix qui me disait :
« Saoul, Saoul, pourquoi me poursuis-tu ? »

Et moi je répondis :
« Qui es-tu, Seigneur ? »
Et il me dit :
« Je suis Jésus le Nazoréen,
que tu poursuis. »
Or ceux qui étaient avec moi voyaient bien la lumière,
mais ils n'entendaient pas la voix de celui qui me parlait [6].

Et je dis : « Que ferai-je, Seigneur ? »
Et le Seigneur me dit :
« Lève-toi, va à Damas,
et là on t'expliquera tout

L'ARRESTATION

ce qu'il t'est prescrit de faire. »
Et comme j'avais été aveuglé par l'éclat de cette lumière,
conduit à la main par mes compagnons je vins à Damas

Or certain Ananie,
homme pieux selon la Loi,
à qui rendaient témoignage tous les Juifs résidant [7],
étant venu à moi
et m'abordant, me dit :
« Frère Saoul, regarde. »
Et à l'instant même je le vis.

Et il dit :
« Le Dieu de nos pères t'a prédestiné
à connaître sa volonté,
à voir le Juste
et à entendre voix de sa bouche,
parce que tu lui seras témoin auprès de tous les hommes
de ce que tu as vu et entendu.
Et maintenant que tardes-tu ?
Lève-toi, fais-toi baptiser
et purifie-toi de tes péchés
en invoquant son nom [8]. »

Or m'advint,
étant revenu à Jérusalem
et priant dans le temple,
que j'entrai en extase,
et je le vis qui me disait :
« Hâte-toi, sors vite de Jérusalem,
parce qu'ils n'accepteront pas ton témoignage à mon sujet. »

Et moi je dis :
« Seigneur, ils savent bien
que c'est moi qui emprisonnais et bâtonnais
de synagogue en synagogue ceux qui croyaient en toi ;
et lorsqu'on répandait le sang d'Étienne ton témoin,
moi encore j'étais là, approuvant,
et gardant les vêtements de ceux qui le tuaient. »

Et il me dit : « Va,
parce que c'est aux nations bien loin que je t'enverrai [9]. »
Or ils l'avaient écouté jusqu'à ces mots,
et ils élevèrent la voix, disant :
« Ôte de la terre un tel (homme),
car il ne mérite pas de vivre ! »

Mais, comme ils hurlaient,
jetaient leurs vêtements
et lançaient de la poussière en l'air,
le tribun ordonna de l'introduire au quartier [10],
disant qu'on le mît à la question par le fouet,
afin de savoir pour quelle cause ils criaient ainsi contre lui.

Mais comme on l'étendait pour la flagellation,
Paul dit au centurion qui était là :
« À homme Romain, et non condamné, vous est-il permis d'appliquer le fouet ? »
Et ayant ouï (cela), le centurion vint au tribun le rapporter,
disant : « Que vas-tu faire ?
Car cet homme est Romain. »

Et s'en étant venu, le tribun lui dit :
« Dis-moi, tu es Romain ? »
Et il dit : « Oui. »
Et le tribun repartit :
« Moi j'ai acheté très cher ce droit de cité. »
Et Paul dit :
« Moi je l'ai de naissance. »

Aussitôt donc s'écartèrent de lui
ceux qui allaient le mettre à la question ;
et le tribun eut peur
en apprenant qu'il était Romain,
parce qu'il l'avait fait enchaîner [11].

L'ARRESTATION

1. Par suite des retouches pratiquées dans la rédaction, on ne voit pas à quoi se rapportent les sept jours. Dans la combinaison rédactionnelle, il semblerait être question des sept jours de l'observance ; mais, si l'indication vient de source, elle a dû désigner le temps écoulé entre l'arrivée de Paul à Jérusalem et son arrestation.
2. L'espèce d'émeute qui se produit lorsque Paul est reconnu, l'intervention du tribun et des soldats romains sont racontés d'après la source, remarquablement précise en ces détails.
3. Avant de laisser entrer Paul au quartier de la tour Antonia, le rédacteur pratique une grosse interpolation, surcharge manifeste après laquelle on se retrouve mot pour mot au même point que dans le récit primitif, et audacieuse entre toutes : il a voulu que Paul, en cet instant tragique, racontât lui-même, devant le peuple juif, ses mérites de Juif fidèle, sa conversion, sa vocation, afin que le peuple juif, à cette occasion, protestât de son aversion pour le salut des païens.
4. L'aventure de l'Égyptien est contée dans Josèphe (*Antiquités*, XX, 8, 6 ; *Guerre juive*, II, 13, 5). On ne voit pas comment le tribun aurait pu s'imaginer que Paul était ce chef de bandes, et l'étonnement de l'officier romain devant cet Égyptien qui parle grec est une naïveté du rédacteur (sur l'Égyptien, voir la note précédemment)
5. Le rédacteur a déjà joué de Gamaliel et parlé du « jeune garçon » Saul, qu'il a subitement mué en persécuteur acharné. C'est la même chaîne de fictions, et le rédacteur avait d'abord fait Paul tout jeune en tant qu'étudiant.
6. Dans le premier récit, les compagnons de Paul « entendaient la voix, mais ne voyaient personne ».
7. Ainsi Paul a été introduit dans le christianisme par le plus exact des croyants israélites.
8. Ananie en dit ici beaucoup plus long à Paul que dans le premier récit.
9. Incident particulier au présent récit de la conversion. L'idée d'une apparition du Christ à Paul dans le temple de Jérusalem ne paraîtra pas mal imaginée, si l'on considère que le rédacteur est constamment préoccupé d'établir la parfaite identité du christianisme et du judaïsme authentique : le grand prédicateur de l'Évangile aura reçu sa mission à Jérusalem, dans le temple, quand il venait prêcher aux Juifs, et parce que les Juifs ne devaient pas accepter son message ; c'est malgré lui que Paul est allé aux païens, et par le fait des Juifs ; mais l'Évangile était une chose juive, et Paul un apôtre juif, et son Christ le Messie d'Israël. Ce tableau tendancieux est démontré faux par l'épître aux *Galates* (I, 15-18).
10. Cette reprise et la mise à la question du prisonnier montrent clairement que tout ce qui précède, conversation de Paul avec le tribun et discours de Paul au peuple, n'a rien de commun avec le fait brutal et historique de l'arrestation.
11. Scène dramatisée par le rédacteur, trop ressemblante à une scène fictive, antérieurement rencontrée. Si Paul a fait valoir son droit de citoyen romain, ce ne fut pas pour mettre dans l'embarras l'officier qui avait ordonné de le soumettre à la flagellation, mais pour n'être pas livré au sanhédrin. Les propos, plus vulgaires que naturels, qui s'échangent entre le tribun et Paul, portent la marque du rédacteur.

DEVANT LE SANHÉDRIN

    Or, le lendemain, voulant savoir au vrai
de quoi il était accusé par les Juifs,
il fit ôter ses chaînes,
    et il ordonna que s'assemblassent les grands-prêtres et tout le sanhédrin ;
    et ayant fait amener Paul, il le mit devant eux.

    Et regardant le sanhédrin,
Paul dit :
« Hommes frères,
c'est en toute bonne conscience
que je me suis conduit devant Dieu
jusqu'à ce jour. »
Mais le grand-prêtre Ananie [1] ordonna à ses assistants
de le frapper à la bouche.

    Alors Paul lui dit :
« Dieu va te frapper [2],
muraille recrépie !
Aussi bien sièges-tu pour me juger selon la Loi,
et violant la Loi,

tu ordonnes de me frapper. »

Et les assistants dirent :
« Tu insultes le grand-prêtre de Dieu ! »
Et Paul dit :
« Je ne savais pas, frères,
que c'était le grand-prêtre.
Car il est écrit :
« LE CHEF DE TON PEUPLE TU N'INJURIERAS PAS [3]. »

Or Paul sachant
qu'une partie était de sadducéens
et l'autre de pharisiens,
s'écria dans le sanhédrin :
« Hommes frères,
je suis pharisien, fils de pharisiens ;
c'est pour espérance et résurrection de morts
que je suis en jugement. »

Et quand il dit cela,
il y eut querelle des pharisiens et des sadducéens,
et l'assemblée se divisa.
Car les sadducéens disent
qu'il n'y a pas résurrection, ni ange, ni esprit ;
mais les pharisiens professent les deux.

Et se fit clameur grande ;
et se levant, quelques docteurs du parti des pharisiens
se prononçaient fortement, disant :
« Nous ne trouvons rien de mal en cet homme.
Et si un esprit lui a parlé, ou bien un ange [4] ? »

Mais la querelle grandissant,
le tribun, craignant que Paul ne fut mis en pièces par eux,
ordonna que la troupe, descendant,
l'enlevât du milieu d'eux
et le conduisît au quartier [5].

1. Il paraît certain que le rédacteur s'est trompé en désignant Ananie comme le grand-prêtre en exercice au temps du procès de Paul. Cet Ananie, devenu grand-prêtre en l'an 47, avait été déposé avant l'an 52.
2. Ananie a été massacré au commencement de la guerre juive.
3. *Exode*, XXII, 27. Ce texte, qui est ancien, ne visait pas le grand-prêtre. Ne pas demander comment Paul a pu ne pas reconnaître le grand-prêtre dans le président du sanhédrin.
4. Pour la distinction de l'esprit et de l'ange, comparer le verset précédent, et plus haut. Noter que cela se réfère au discours adressé par Paul au peuple juif.
5. Nul doute sur le caractère entièrement rédactionnel et fictif de la séance du sanhédrin. S'il s'agit du fait qui s'est produit dans le temple, le tribun pouvait être mieux renseigné par ses soldats, qui étaient de garde sur les portiques, et par le personnel du temple, que par le sanhédrin. La perspective s'est déplacée sans que le lecteur ait été averti : Paul n'est plus aux mains du tribun l'individu arrêté au hasard d'une bagarre, comme il y en avait souvent à Jérusalem ; c'est le novateur haï des Juifs, qui a jeté le trouble dans les synagogues d'Asie Mineure, de Macédoine et d'Achaïe. Mais pour être considéré comme tel par le tribun, il faut que Paul ait été dénoncé et réclamé par le sanhédrin comme révolutionnant le judaïsme. C'est ce qui a eu lieu en effet, et ce que le rédacteur a dissimulé. Mais la séance du sanhédrin n'est pas expliquée pour autant, puisqu'elle tourne en dispute ridicule. L'apologétique du rédacteur est servie par le sanhédrin des Juifs, celui-ci se trouvant démontrer, par le fait, que les sectes juives sont divisées sur la question de l'espérance messianique, et que la secte pharisienne, qui représente le judaïsme exact, s'accorde en substance avec le christianisme.

TRANSFERT DE PAUL À CÉSARÉE

Or, la nuit suivante,
se présentant à lui, le Seigneur dit :
« Courage !
Car, de même que tu m'as rendu témoignage à Jérusalem,
ainsi faut-il qu'à Rome aussi tu témoignes [1]. »

Mais, le jour venu, les Juifs,
ayant fait ligue, s'engagèrent par serment,
disant ne devoir manger ni boire
qu'ils n'eussent tué Paul.
Or ils étaient plus de quarante
qui avaient fait cette conjuration.

Venant trouver les grands-prêtres et les anciens, ils dirent :
« Nous nous sommes engagés par serment à
ne goûter rien
que nous n'ayons tué Paul.
Vous donc, maintenant, signifiez au tribun, avec le sanhédrin,
qu'il l'amène devant vous,
comme si vous deviez étudier plus exactement son affaire ;
et nous, avant qu'il soit arrivé,

nous sommes prêts à le tuer ».

Or, ayant connu l'embuscade, le fils de la sœur de Paul,
venu et entré au quartier,
avertit Paul ;
et Paul, ayant appelé un des centurions, dit :
« Conduis ce jeune homme au tribun,
car il a quelque chose à lui communiquer. »

Celui-ci donc, l'ayant pris,
le conduisit au tribun et dit :
« Le prisonnier Paul, m'ayant fait appeler,
m'a prié de t'amener ce jeune homme,
qui a quelque chose à te dire. »

Et lui ayant pris la main, le tribun,
(le) conduisant à l'écart, (lui) demanda :
« Qu'as-tu à me communiquer ? »
Et il dit : « Les Juifs se sont concertés pour te demander
que demain tu amènes Paul devant le sanhédrin,
comme pour t'informer plus exactement à son sujet.

Toi donc ne les écoute pas ;
car il y en a d'embusqués contre lui plus de quarante hommes
qui se sont engagés par serment à ne manger ni boire
qu'ils ne l'aient tué ;
et maintenant ils sont prêts,
attendant ton assentiment. »

Le tribun donc renvoya le jeune homme,
lui recommandant de ne raconter à personne
qu'il lui avait révélé cela [2].
Et ayant appelé deux des centurions, il dit :
« Préparez deux cents soldats pour aller jusqu'à Césarée,
ainsi que soixante-dix cavaliers et deux cents auxiliaires,
dès la troisième heure de la nuit. »

Et (il ordonna) *de tenir prêtes des montures,*
afin, mettant Paul dessus,

TRANSFERT DE PAUL À CÉSARÉE

de l'amener sain et sauf au procurateur Félix ;
(de plus) il écrivit une lettre en ces termes :
« Claudius Lysias au très honoré procurateur Félix,
salut !

L'homme que voici avait été pris par les Juifs
et allait être tué par eux, (quand),
survenant avec la troupe, je (le leur) ai enlevé,
ayant appris qu'il était Romain.
Et voulant savoir pour quel motif ils l'accusaient,
je l'ai amené devant leur sanhédrin.

J'ai découvert qu'il était accusé sur des questions de leur Loi,
mais n'avait aucune charge de crime méritant mort ou chaînes.
Or, m'ayant été dénoncé qu'un complot se ferait contre cet homme,
sur l'heure je te l'ai envoyé,
invitant aussi les accusateurs
à déposer contre lui devant toi [3]. »

Les soldats donc, selon qu'il leur était ordonné, prenant Paul,
le conduisirent de nuit à Antipatris ;
mais *le lendemain*, laissant les cavaliers s'en aller avec lui,
ils revinrent au quartier.
(Les cavaliers) *entrés à Césarée,*
et remettant la lettre au procurateur,
lui *présentèrent* aussi Paul.

Et après avoir lu, *lui ayant demandé de quelle province il était,*
et apprenant qu'il était de Cilicie :
« Je t'entendrai », dit-il,
« *lorsque tes accusateurs seront arrivés.* »
(Et) *il ordonna de le tenir en garde au palais d'Hérode* [4].

---

1. Peut-être y a-t-il écho de la source dans cette vision, qui viendrait mieux dans la nuit d'après l'arrestation : ce serait indice du travail qui s'est fait dans la pensée de Paul, celui-ci en venant à fonder sur l'autorité romaine son espoir de porter l'Évangile à Rome.

2. Ce complot juif a été particulièrement soigné par le rédacteur, qui a découvert, fort opportunément pour la circonstance, un neveu à Paul ; on reconnaît sa manière un peu enfantine dans les propos qui sont attribués aux personnages mis en scène. Le vrai motif du transfert de Paul à Césarée est que Paul s'est fait, comme citoyen romain, envoyer au procurateur pour se soustraire à la juridiction du sanhédrin.
3. L'indication du départ nocturne, sous la conduite d'un centurion, avec escorte de cavaliers, doit venir de source ; mais le rédacteur a amplifié l'escorte militaire et rédigé le rapport du tribun Lysias ; le rapport est aussi fictif que la séance du sanhédrin dont il rend compte à Félix, mais on doit y relever le certificat d'innocence délivré à Paul. Ce qui est dit des accusateurs trahit le véritable état de l'affaire, qui relève du procurateur.
4. Le voyage de Jérusalem à Césarée et la remise du prisonnier au procurateur Félix sont racontés d'après la source (sauf ce qui est en rapport avec le supplément de l'escorte militaire, et les additions concernant la lettre du tribun).

DEVANT FÉLIX

Or, cinq jours après,
arriva le grand-prêtre Ananie,
avec quelques anciens
et un certain Tertullus, avocat,
(et) ils signifièrent au procurateur (leur requête) contre Paul.
Celui-ci appelé,
Tertullus entama l'accusation, disant :

« Que de grande paix nous jouissions par toi
et que réformes se soient faites pour cette nation par ta prévoyance,
en tout et partout nous le reconnaissons,
très honoré Félix,
avec pleine action de grâces.
Mais, pour ne te point trop retenir,
je te prie de nous écouter un instant selon ta bonté.

Car, ayant découvert cette peste d'homme,
qui suscite troubles à tous les Juifs qui sont en l'univers,
et chef de la secte des Nazoréens,
qui a essayé même de profaner le temple,
nous l'avions aussi pris,

[et selon notre Loi nous le voulions juger ;

Mais le tribun Lysias, survenant avec grande force,
de nos mains l'a retiré,
ordonnant que ses accusateurs vinssent à toi] [1].
Par lui tu pourras toi-même, en l'interrogeant,
de toutes ces choses t'assurer
dont nous portons accusation contre lui. »

Et les Juifs aussi appuyèrent,
disant que c'était ainsi.
Et Paul répondit,
le procurateur lui ayant fait signe de parler :

« Sachant que depuis plusieurs années [2] tu es juge sur cette nation,
avec confiance pour moi-même je plaide,
d'autant que tu peux t'assurer
qu'il n'y a pas plus de douze jours [3]
que je suis monté à Jérusalem pour adorer.
Et ni dans le sanctuaire ils ne m'ont trouvé à quelqu'un parlant,
ou faisant attroupement de foule,
ni dans les synagogues ni dans la ville ;
et ils ne peuvent pas te prouver
ce dont maintenant ils m'accusent.

Mais je te fais cet aveu :
que selon la voie qu'ils appellent hérésie
je sers le Dieu de (nos) pères,
croyant à tout ce qui est selon la Loi
et à ce qui est écrit dans les Prophètes,
ayant espoir en Dieu
de ce qu'eux-mêmes ils attendent :
que résurrection il doit y avoir des justes et des injustes.
En cela moi aussi je m'efforce
à garder irréprochable conscience
devant Dieu
et les hommes
en tout temps [4].

Et au bout de plusieurs années,
pour faire aumône à (ceux de) mon peuple [5]
et des sacrifices,
je suis venu :
ainsi m'ont-ils trouvé, purifié, dans le sanctuaire,
pas dans une foule ni dans un tumulte.
Mais (c'est le fait de) certains Juifs d'Asie
qui auraient dû devant toi comparaître et se porter accusateurs,
s'ils avaient grief contre moi.
Ou bien que ceux-ci mêmes disent
quel crime ils ont trouvé quand je fus devant le sanhédrin,
si ce n'est pour ce seul mot que j'ai crié étant devant eux :
« C'est pour résurrection de morts que je suis jugé aujourd'hui par vous [6]. »

Mais Félix les ajourna,
— il savait pertinemment ce qui regardait la voie [7], —
en disant : « Lorsque le tribun Lysias sera venu,
je jugerai votre affaire. »
Il ordonna au centurion de le garder sans rigueur
et de n'empêcher aucun des siens de l'assister [8].

Or, après quelques jours,
Félix étant venu avec Drusilla sa femme,
qui était juive,
envoya chercher Paul,
et il l'entendit au sujet de la foi en Jésus-Christ.

Mais comme il discourait de justice, continence
et jugement à venir,
saisi d'épouvante, Félix repartit :
« Pour le moment, va ;
mais, quand j'aurai le temps, je te ferai appeler. »

Il espérait aussi
que de l'argent lui serait donné par Paul ;
c'est pourquoi, l'envoyant assez souvent chercher,
il conversait avec lui [9].
Mais, deux années s'étant accomplies,

Félix eut pour successeur Porcius Festus [10] ;
et voulant faire gré aux Juifs,
Félix laissa Paul emprisonné [11].

---

1. Le passage entre crochets manque dans les manuscrits les plus anciens et les plus autorisés, et l'authenticité en est suspecte, bien que, si l'on n'en tient pas compte, le discours de l'avocat semble tourner court et que le renvoi du juge au témoignage de l'accusé soit aussi peu naturel que possible.
2. Félix est devenu procurateur de Judée en 52.
3. Les « douze jours » pourraient être ici par influence de la source, car on en obtient beaucoup plus en faisant le total des indications rédactionnelles.
4. On reconnaît ici le Paul de convention, le bon Juif.
5. Allusion à la collecte, et d'autant moins attendue qu'elle en déforme tout à fait l'objet et le caractère.
6. Ce renvoi à la séance du sanhédrin trahit le rédacteur.
7. Il n'est pas étonnant que Félix ait été instruit du mouvement chrétien ; mais, dans la source, cette explication de l'ajournement ne signifiait pas l'intérêt que, d'après le contexte rédactionnel, Félix y aurait pris. En tant que mesure politique, l'ajournement avait le double avantage d'immobiliser l'agitateur dont se plaignait le sanhédrin, et de ne pas livrer à celui-ci un citoyen romain que le procurateur n'avait pas le droit de lui abandonner.
8. Le traitement fait à Paul est en rapport avec sa qualité de citoyen.
9. Les entretiens de Paul avec Félix et Drusilla sont une fiction rédactionnelle, doublet de la grande scène que le même rédacteur construira plus loin avec les personnages d'Agrippa II et de Bérénice, frère et sœur de Drusilla.
10. La date du rappel de Félix n'est pas certaine ; ce ne fut pas avant 55 ; il n'est pas probable que ç'ait été après 58 ; Festus fut procurateur de Judée jusqu'à sa mort, en 61.
11. La relation du procès de Paul paraît avoir été délibérément obscurcie dans la rédaction. On dirait que l'action judiciaire du sanhédrin se renouvelle auprès de Festus, comme si elle n'avait pas été antérieurement engagée auprès de Félix, et l'on serait tenté de se demander si le rédacteur n'aurait pas appliqué encore dans le cas présent le procédé de dédoublement qui lui est familier ; mais le dédoublement semble n'avoir été que partiel, la coïncidence de la captivité de Paul avec le changement de procurateur semblant être une donnée originale, et le rédacteur ayant dû seulement anticiper au temps de Félix l'ample débat qui n'eut lieu que sous Festus.

   Entre le sanhédrin et les procurateurs il s'agit d'une question de compétence, dont Félix a voulu ajourner la solution, et que Festus, après examen, a résolue en faveur du sanhédrin, ce qui a déterminé l'appel de Paul au tribunal de l'empereur, en sorte que la question de fond, la question de culpabilité, n'a été directement traitée et jugée qu'à Rome, bien qu'on n'ait pu manquer d'y toucher dans le débat sur la compétence. Ainsi l'ajournement de l'affaire par Félix (sans l'indication du terme : « Quand Lysias », etc., qui paraît être rédactionnelle), les mesures prises à l'égard du captif, le changement de procurateur au bout de deux ans, probablement sans la remarque : « Et voulant faire gré aux Juifs », etc.), sont des données de source. Mais la mise en scène de la séance judiciaire présidée par Félix (où il y a la même erreur sur la personne du grand-prêtre), avec le discours de l'avocat et la réplique de Paul est dans la manière du rédacteur.

DEVANT FESTUS

Festus donc, étant entré en (son) gouvernement,
trois jours après monta à Jérusalem, de Césarée ;
et les grands-prêtres et les principaux des Juifs lui signifièrent (requête) contre Paul,
et ils le prièrent,
demandant faveur contre lui,
de le faire venir à Jérusalem,
embuscade étant préparée par eux pour le tuer sur le chemin,
Festus donc répondit
que Paul était gardé à Césarée,
mais que lui-même devait bientôt partir :
« Que ceux donc d'entre vous, dit-il,
qui ont pouvoir, m'accompagnant,
s'il y a en cet homme quelque chose de répréhensible,
se portent ses accusateurs [1]. »

Or, étant demeuré chez eux au plus huit ou dix jours,
revenu à Césarée,
le lendemain il prit séance au tribunal
(et) il ordonna d'amener Paul.

Et celui-ci étant arrivé,
les Juifs de Jérusalem l'entourèrent,
produisant de nombreuses et graves accusations
qu'ils ne pouvaient prouver,
Paul se défendant
d'avoir, soit contre la Loi des Juifs, soit contre le temple,
soit contre César, en rien péché [2].
Mais Festus, qui voulait faire gré aux Juifs,
répondant à Paul, dit :
« Veux-tu monter à Jérusalem
pour y être jugé sur tout cela par moi [3] *? »*

Et Paul dit :
« Je suis devant le tribunal de César
où je dois être jugé.
Aux Juifs je n'ai fait aucun tort,
comme toi-même le sais fort bien.
Si donc je suis en faute
et que j'aie fait quelque chose qui mérite mort,
je ne refuse pas de mourir ;
mais si rien n'existe de ce dont ceux-ci m'accusent,
nul ne peut leur faire don de moi :
j'en appelle à César. »
Alors Festus, ayant conféré avec son conseil, répondit :
« À César tu en as appelé,
à César tu iras. »

---

1. Ce qui est raconté touchant la reprise de l'affaire à l'arrivée de Festus vient de la source, sauf que la requête du sanhédrin est présentée à faux par le rédacteur comme une faveur demandée, et que le même rédacteur ajoute encore de son chef un com-, plot des Juifs.
2. La séance judiciaire à Césarée est dessinée d'après la source, mais peut-être en raccourci.
3. La décision de Festus, qui a déterminé l'appel de Paul à César, est tournée en proposition bénévole du procurateur demandant à Paul, par complaisance pour les Juifs, « s'il veut » être jugé à Jérusalem.
    L'appel ne se comprend que si Festus a reconnu la compétence du sanhédrin dans l'affaire de Paul, ce qui ne laissait à celui-ci d'autre issue que l'appel à César : c'est ce que supposent les termes mêmes de l'appel et la sentence finale. La main du rédacteur ne s'en trahit pas moins dans ce que Paul dit touchant la persuasion qu'a Festus de son innocence et le cadeau que le procurateur voudrait faire de sa personne aux Juifs.

DEVANT AGRIPPA II

1

Or, quelques jours s'étant écoulés,
le roi Agrippa et Bérénice vinrent à Césarée saluer Festus ;
et comme ils y demeuraient plusieurs jours,
Festus exposa au roi l'affaire de Paul, disant :

« Il est un homme laissé par Félix prisonnier
au sujet duquel, lorsque je fus à Jérusalem,
m'ont signifié (requête) les grands-prêtres et les anciens des Juifs,
demandant contre lui condamnation.

Je leur ai répondu
qu'il n'est point coutume aux Romains de faire don d'un homme
avant que l'accusé ait été confronté avec les accusateurs
et qu'il ait eu faculté de se défendre contre la plainte.

Eux donc m'ayant accompagné ici, sans y mettre aucun délai,
le lendemain, siégeant au tribunal,
j'ordonnai d'amener l'homme.
Déposant contre lui, les accusateurs
n'apportèrent nulle dénonciation des crimes que je supposais ;
mais certaines querelles touchant leur religion ils avaient avec lui,

et au sujet d'un Jésus mort, que Paul disait vivre [2].

Et moi, embarrassé de l'enquête sur ces choses-là,
je lui ai demandé s'il voudrait
aller à Jérusalem
et y être jugé là-dessus.
Mais Paul ayant réclamé
d'être réservé au jugement d'Auguste,
j'ai ordonné qu'il fût gardé
jusqu'à ce que je l'envoie à César [3]. »

Et Agrippa (dit) à Festus :
« Je voudrais bien, moi aussi, entendre cet homme. »
« Demain », dit-il,
« tu l'entendras. »

Le lendemain donc,
Agrippa et Bérénice étant venus
en grand apparat,
et entrés à la salle d'audience
avec les tribuns et les hommes les plus qualifiés de la ville,
sur l'ordre de Festus Paul fut introduit.
Et Festus dit :

« Roi Agrippa,
et (vous) tous, hommes (ici) présents avec nous,
vous voyez celui à propos duquel la foule des Juifs m'a sollicité,
tant à Jérusalem qu'ici,
criant qu'il ne fallait pas qu'il vécût davantage.
Quant à moi, j'ai compris qu'il n'avait rien fait qui méritât mort ;
mais, lui-même en ayant appelé à Auguste,
j'ai décidé d'envoyer.

Sur lui je n'ai rien de certain à écrire au Seigneur ;
c'est pourquoi je l'ai fait amener devant vous,
et surtout devant toi,
roi Agrippa,
afin, l'examen fait, d'avoir qu'écrire.
Car il me paraît absurde, envoyant un prisonnier,

de ne signaler point les griefs qu'on a contre lui [4]. »

Et Agrippa dit à Paul :
« Il t'est permis de parler pour toi-même. »
Alors Paul, étendant la main,
prononça cette défense [5] :
« De tout ce dont je suis accusé par les Juifs,
roi Agrippa,
je m'estime heureux d'avoir aujourd'hui à me justifier devant toi,
qui connais à fond les coutumes des Juifs et leurs controverses.
C'est pourquoi je te prie de m'écouter avec patience.

Ma vie donc dès (ma) jeunesse,
telle que d'abord elle fut en ma nation et à Jérusalem,
tous les Juifs la savent,
me connaissant de longue date, s'ils veulent bien (en) témoigner,
pour avoir, selon la secte la plus stricte de notre religion, vécu pharisien.
Et maintenant c'est pour espoir en la promesse à nos pères faite par Dieu
que je suis mis en jugement,
à laquelle nos douze tribus, servant (Dieu)
en persévérance nuit et jour,
espèrent arriver ;
c'est pour cet espoir que je suis accusé par les Juifs, ô roi [6].

Quant à moi donc, j'avais cru
devoir faire au nom de Jésus le Nazoréen beaucoup d'opposition :
c'est ce que je fis à Jérusalem,
et plusieurs des saints en prisons j'enfermai,
en ayant reçu des grands-prêtres pouvoir ;
et quand on les tuait, j'apportais mon suffrage ;
et par toutes les synagogues, souvent, les châtiant,
je les forçais à blasphémer ;
et dans l'excès de ma fureur contre eux,
je les poursuivais jusque dans les villes du dehors [7].

C'est ainsi qu'allant à Damas
avec pouvoir et commission des grands-prêtres,

à midi, sur le chemin, je vis, ô roi,
lumière, plus brillante que le soleil, éclatant du ciel autour de moi
et de ceux qui avec moi voyageaient.
Et comme nous étions tous tombés par terre,
j'entendis une voix qui me disait en langue hébraïque :
« Saoul, Saoul, pourquoi me poursuis-tu ?
Il t'est dur de regimber contre l'aiguillon [8]. »
Et je dis : « Qui es-tu, Seigneur ? »

Et le Seigneur dit :
« Je suis Jésus, que tu poursuis.
Mais lève-toi et TIENS-TOI SUR TES PIEDS [9].
Car voici pourquoi je te suis apparu :
t'instituer ministre et témoin,
et de ce que tu m'as vu, et de ce pourquoi, je t'apparaîtrai,
TE RETIRANT du peuple (juif) et DES NATIONS [10]
AUXQUELS JE T'ENVOIE POUR LEUR OUVRIR LES YEUX,
afin qu'ils se tournent DES TÉNÈBRES À LA LUMIÈRE [11],
et du pouvoir de Satan à Dieu,
en sorte qu'ils reçoivent rémission de péchés
et part entre les sanctifiés, moyennant la foi en moi [12]. »

C'est pourquoi, roi Agrippa,
je ne fus point incrédule à la vision céleste ;
mais à ceux de Damas d'abord, puis à ceux de Jérusalem,
et dans tout le pays de Judée, et aux Gentils,
je prêchai de se repentir et de se tourner vers Dieu,
faisant les œuvres qui conviennent à la repentance.
À cause de cela les Juifs, m'ayant saisi dans le temple
ont essayé de me tuer [13].

Ayant donc obtenu l'assistance de Dieu
jusqu'à ce jour,
je me tiens en témoin devant petit et grand,
ne disant rien autre
que ce que les prophètes ont énoncé des choses à venir, et Moïse.
[En quoi vous semble-t-il incroyable que Dieu ressuscite les morts,]
que le Christ ait dû souffrir,

que, premier ressuscité des morts,
il doive annoncer lumière
et au peuple (juif) et aux nations [14] ? »

Or, comme il se défendait ainsi,
Festus à pleine voix dit :
« Tu es fou, Paul ;
le grand savoir en démence te fait tomber. »
Et Paul : « Je ne suis pas fou »,
dit-il, « très honoré Festus,
mais paroles de vérité et de bon sens je profère.

Car il est au courant de ces choses, le roi,
à qui aussi en assurance je parle ;
car je ne pense pas que soit ignoré de lui rien de tout cela ;
car ce n'est pas dans un coin que cela s'est passé.
Crois-tu, roi Agrippa, aux prophètes ?
Je sais que tu y crois. »

Et Agrippa dit à Paul :
« Pour un peu tu me persuades de me faire chrétien. »
Et Paul : « Plût à Dieu
que pour un peu et pour beaucoup,
non seulement toi mais tous ceux qui m'entendent aujourd'hui,
vous deveniez tels que je suis,
sauf ces chaînes. »

Et le roi se leva, ainsi que le procurateur,
Bérénice et ceux qui siégeaient avec eux ;
et se retirant, ils parlaient entre eux disant :
« Cet homme n'a rien fait qui mérite mort ou prison. »
Et Agrippa dit à Festus :
« Cet homme aurait pu être relâché,
s'il n'en avait appelé à César [15]. »

---

1. La conférence de Festus avec Agrippa II et la séance d'apparat, organisée pour la satisfaction du roitelet juif, sont de pur remplissage rédactionnel, mais c'est afin de produire une dernière apologie de Paul et un double témoignage d'innocence à lui rendu tant par le magistrat romain que par le prince juif. Cette fiction est, en apparence, mieux

équilibrée que beaucoup d'autres, parce que le rédacteur y a mis tous ses soins ; ainsi le discours de Paul est rédigé dans un style amphigourique, censé de convenance à l'égard d'une personne royale. Mais la fiction n'en est pas moins fondée sur une supposition invraisemblable jusqu'au ridicule : que Festus n'aurait rien eu à mettre dans le rapport qu'il devait expédier à Rome en même temps que le prisonnier. En faisant dire à Agrippa que Paul aurait pu être mis en liberté s'il n'avait pas appelé à César, le rédacteur donne suffisamment à entendre que César ne l'a point absous, et il insinue tout aussi clairement que Paul a été victime d'une erreur judiciaire, à moins que ce ne soit d'une criante injustice.

2. En parlant du « certain Jésus mort », le rédacteur n'a pas eu l'intention de prêter à Festus un mot piquant, mais de lui faire proclamer que la question du christianisme, en tant qu'il se différencierait du judaïsme, ne mérite pas de retenir l'attention du gouvernement.

3. Il est à noter que dans le récit de Festus au roi Agrippa, la séance du sanhédrin devant le tribun Lysias et les plaidoyers devant Félix se substituent au débat qui vient d'avoir lieu à Césarée devant Festus lui-même : c'est surtout dans la séance fictive du sanhédrin qu'il a été parlé de la résurrection.

4. Nouvel exposé de l'affaire, comprise au gré du rédacteur ; mais les principaux Juifs qui sont intervenus au procès se confondent maintenant avec la foule hurlante qui criait à mort autour de Paul quand il fut arrêté dans le temple. Le rédacteur fait parler Festus en témoin de l'innocence de Paul, mais il est clair que le procurateur, en renvoyant Paul devant le sanhédrin, estimait qu'il y avait dans son cas matière à procès devant le tribunal juif, et que, l'appel intervenant, il n'était pas embarrassé pour établir l'état de la cause, la plainte du sanhédrin, annexée à son rapport, devant l'étoffer suffisamment.

5. Comme personne n'accuse Paul et qu'il n'y aura pas de jugement, l'apologie que Paul va présenter est comme suspendue en l'air, où l'historien doit la laisser.

6. Le corps du discours contient un rappel emphatique des principaux points de la légende qui a été exposée en termes plus simples dans les deux récits antérieurs et répète la thèse du rédacteur, que celui-ci vient de mettre dans la bouche de Festus.

7. Cela concerne les exploits du persécuteur, généralisés et grossis.

8. Pour rehausser les premières paroles du Christ : « Saoul, Saoul, pourquoi me poursuis-tu ? » le rédacteur a jugé bon d'y ajouter : « Il t'est dur de regimber contre l'aiguillon. » Application au cas de Paul d'une locution proverbiale dont Euripide (Bacchantes, 794) fait faire tout de même par Dionysos application à Penthée. Jésus dit à Paul qu'il se trouve mal de s'être opposé à Dieu en poursuivant les fidèles de son Christ (se rappeler la cécité dont parlent les autres récits et que le nôtre n'a pas l'intention de supprimer), tout comme Dionysos avertit Penthée qu'il se trouvera mal de combattre un dieu.

9. *Ezéchiel*, II, 1.

10. *I Chronique*, XVI, 35 ; *Jérémie*, I, 7. Phraséologie obscure, qui paraît signifier que la protection divine saura arracher Paul à tous les dangers auxquels il pourra être exposé soit du côté des Juifs soit du côté des Gentils.

11. *Isaïe*, XLII, 7, 16.

12. Le rédacteur, amplifiant la vision de Damas, a placé dans la réponse du Christ à la question : « Qui es-tu Seigneur ? » une révélation complète, assez obscure en ses termes trop cherchés, du grand rôle de convertisseur qui appartient à Paul auprès des Juifs et auprès des Gentils : en suite de quoi se trouve supprimé le rôle d'Ananie, avec les détails sur l'entrée de Paul à Damas et sur son baptême.

13. Ce bref couplet résume tout le ministère de Paul, en ajoutant à Damas et à Jérusalem la Judée, sans plus de raison (voir *Galates*, I, 22-24), Paul n'ayant, en réalité, prêché ni à Damas, ni à Jérusalem, ni en Judée. Et les Juifs, remarque Paul sont bien ingrats et aveugles : ils ont voulu tuer, l'homme qui a prêché leur religion par toute la terre !

14. L'idée qui perçait à la fin de la strophe précédente est développée dans celle-ci, qui sert de péroraison : Paul n'a fait autre chose que prêcher la foi juive en annonçant partout la résurrection du Crucifié. Les mots entre crochets, qui se trouvent déplacés dans le texte

vulgaire, sont remis ici à leur vraie place. Avec cette restitution l'économie de la strophe devient excellente.

15. C'est dans les propos de la fin qu'il faut chercher la raison de cette inutile séance : le bon Festus, en païen qu'il est, s'égaie de la résurrection un peu plus lourdement que les philosophes d'Athènes ; Agrippa, que Paul prend à témoin, est plus impressionné qu'il ne veut le laisser paraître et s'en tire par un mot d'esprit ; Paul réplique par un mot d'apôtre, aussi spirituel que celui du roi, et plus touchant ; après quoi la séance est levée, tous les assistants se déclarant convaincus de l'innocence de Paul, et le dernier mot étant, comme il convient, réservé au roi Agrippa : « Que n'a-t-on laissé cet homme en liberté ? » Cette petite scène est assurément la mieux jouée de toutes celles que le rédacteur a semées dans les Actes.

NAVIGATION, TEMPÊTE ET NAUFRAGE

1

Or, quand il eut été décidé que nous embarquerions pour l'Italie,
on remit Paul et quelques autres prisonniers
à un centurion nommé Julius, de la cohorte Auguste [2].
Et montant en vaisseau d'Adramytte
qui faisait voile vers les côtes d'Asie,
nous partîmes,
ayant avec nous Aristarchus, Macédonien, de Thessalonique.

Et le jour suivant, nous touchâmes à Sidon ;
et Julius, usant de bienveillance envers Paul,
lui permit, allant voir ses amis, de recevoir (leurs) soins.
Et partis de là, nous longeâmes Chypre,
parce que les vents étaient contraires ;
et ayant franchi la mer qui baigne la Cilicie et la Pamphylie,
nous arrivâmes à Myre de Lycie.

Et là le centurion, trouvant un vaisseau alexandrin
en partance pour l'Italie, nous y transborda,
Et en plusieurs jours, naviguant lentement,
et parvenus avec difficulté à la hauteur de Cnide,
le vent ne nous favorisant pas,

NAVIGATION, TEMPÊTE ET NAUFRAGE

*nous longeâmes en dessous la Crète, vers Salmoné.
Et avec difficulté la côtoyant, nous vînmes à un lieu appelé Bon-Port,
près duquel était la ville de Lasaia.*

*Or beaucoup de temps étant écoulé,
et la navigation étant déjà périlleuse,
parce que le jeûne était déjà passé,
Paul donnait conseil, leur disant :
« Hommes, je vois que ce serait avec injure et grand dommage,
non seulement de la cargaison et du vaisseau,
mais aussi de nos vies,
que devrait se faire la navigation. »
Mais le centurion au pilote et au patron se fiait plus
qu'à ce que disait Paul* [3].

*Or, comme le port n'était pas commode pour l'hivernage,
la plupart furent d'avis d'en partir,
afin de gagner, s'ils pouvaient, pour y hiverner, Phœnix,
port de Crète sous le vent du sud-ouest et du nord-ouest.
Et un vent du sud soufflant légèrement,
ils crurent pouvoir exécuter leur dessein,
levèrent l'ancre (et) côtoyèrent de près la Crète.
Mais peu après fondit de ses hauteurs un vent d'ouragan
que l'on appelle euraquilon ;
et le vaisseau étant entraîné et ne pouvant tenir tête au vent,
nous laissant aller, nous étions emportés.*

*Et filant sous une petite île appelée Cauda,
nous eûmes peine à nous rendre maîtres de la chaloupe ;
l'ayant remontée, ils prenaient des mesures de protection,
ceintrant le vaisseau ;
et craignant d'échouer sur la Syrte,
laissant tomber l'agrès,
ils étaient ainsi emportés.*

*Mais comme nous étions fortement ballottés,
le lendemain, ils firent jet (de la cargaison) ;
et le troisième jour,
de leurs propres mains ils jetèrent les agrès du vaisseau.*

Ni soleil ni étoiles ne se montrant durant plusieurs jours,
et une forte tempête sévissant,
il ne restait plus aucun espoir de nous sauver.

Et comme on avait été longtemps sans manger,
Paul alors, se tenant au milieu d'eux, dit :
« Il aurait fallu, hommes, en suivant mon avis, ne point partir de Crète,
et (nous) épargner cette peine et (ce) dommage.
Et maintenant je vous conseille de prendre courage ;
car aucune perte de vie il n'y aura parmi vous,
mais seulement (celle) du vaisseau.

Car s'est présenté à moi cette nuit même,
du Dieu à qui j'appartiens, qu'aussi je sers, un ange disant :
« N'aie pas peur, Paul ;
devant César il faut que tu comparaisses ;
et voici que Dieu te fait don
de tous ceux qui naviguent avec toi. »
C'est pourquoi ayez confiance, hommes ;
car j'ai foi à Dieu qu'il en sera tout comme il m'a été dit.
Mais c'est à une île qu'il nous faut échouer [4]. »

Or, comme c'était la quatorzième nuit que nous voguions dans l'Adriatique,
vers minuit les matelots pressentirent
que leur devenait proche une terre ;
et ayant sondé, ils trouvèrent vingt brasses ;
puis avançant un peu et de nouveau sondant,
ils trouvèrent quinze brasses.
Et craignant que nous n'échouassions sur quelques récifs,
ayant jeté de la poupe quatre ancres,
ils attendaient impatiemment que le jour vînt.

Mais les matelots cherchant à s'échapper du vaisseau
et descendant la chaloupe à la mer,
sous prétexte de tendre des ancres de la proue,
Paul dit au centurion et aux soldats :
« Si ceux-là ne restent pas dans le vaisseau,

vous (autres) ne pouvez vous sauver. »
Alors les soldats coupèrent les câbles de la chaloupe
et la laissèrent tomber [5].

Or, en attendant que le jour vînt,
Paul encourageait tous à prendre de la nourriture, disant :
« C'est aujourd'hui le quatorzième jour
que, dans l'attente, à jeun vous passez,
sans rien prendre.
C'est pourquoi je vous engage à prendre nourriture ;
car cela importe à votre salut.
Aussi bien d'aucun de vous cheveu de la tête ne périra. »

Et cela dit, prenant du pain,
il rendit grâce à Dieu devant tous,
et rompant (ce pain), il se mit à manger.
Et devenus confiants, tous prirent aussi nourriture [6].
Or nous étions en tout, de personnes dans le vaisseau, deux cent soixante-seize.
Et s'étant rassasiés de nourriture,
ils allégeaient le vaisseau
en jetant le blé à la mer.

Or, quand le jour vint,
ils ne reconnaissaient pas la terre,
mais ils apercevaient une baie qui avait plage,
où ils résolurent, s'ils pouvaient, d'échouer le vaisseau.

Et détachant les ancres,
ils (les) laissèrent à la mer,
relâchant en même temps les attaches des gouvernails ;
et tendant au vent la voile de misaine,
ils allaient à la plage.
Mais, ayant donné sur banc entre deux courants,
ils firent toucher le vaisseau,
et la proue, arrêtée, demeurait immobile,
tandis que la poupe se brisait par le choc.

Or l'avis des soldats
était que l'on tuât les prisonniers,
de peur que quelqu'un, en nageant, ne s'échappât ;
mais le centurion, voulant sauver Paul [7]*,*
s'opposa à leur dessein, et il ordonna que ceux qui pouvaient nager,
se jetant les premiers à la mer, gagnassent la terre,
et les autres, soit sur des planches,
soit sur des pièces du vaisseau.
Et ainsi se fit que tous parvinrent à la terre.

---

1. Avec le récit de navigation reparaît le « nous », dont on n'avait plus trace depuis l'entrée de Paul et de ses compagnons chez Jacques : l'éclipsé doit s'expliquer en grande partie par les mutilations et substitutions qu'ont subies les récits intermédiaires. La relation de la traversée paraît n'avoir été altérée que par des surcharges facilement discernables, qui sont destinées à relever le rôle de Paul ou plutôt à lui en donner un : avertissement prophétique, non écouté, d'hiverner en Crète au lieu dit Bon-Port ; rappel de cet avertissement et annonce de salut au milieu de la tempête ; probablement aussi l'intervention de Paul pour dénoncer les matelots qui veulent abandonner le vaisseau échoué en y laissant les passagers ; encouragement du même, par parole et exemple, à prendre de la nourriture.
2. On organise un convoi de prisonniers ; il est sous entendu que le centurion a sous lui autant d'hommes qu'il en faut pour les surveiller ; plus loin, il sera question des soldats.
3. Cette interpolation, qui coupe visiblement le récit, est destinée à préparer la suivante.
4. Interpolation aussi facilement reconnaissable que la précédente, et fiction très naïve.
5. On ne voit pas comment Paul aurait pu être mieux informé que les soldats eux-mêmes du dessein de l'équipage, à supposer que ce dessein ait été réel.
6. Interpolation coordonnée aux deux premières. On dirait que Paul fait un petit repas eucharistique devant tous les passagers. Il y a peut-être quelque élément du récit primitif dans le verset suivant.
7. Les mots : « voulant sauver Paul », pourraient avoir été ajoutés. On dirait que, n'eût été la considération de Paul, le centurion aurait laissé tuer tous les prisonniers confiés à sa garde. On pourrait supposer, il est vrai, que les autres étaient des condamnés qui étaient expédiés en Italie pour être exposés aux bêtes dans les amphithéâtres ; mais nous n'en savons rien.

À MALTE

Et sauvés, alors nous apprîmes que l'île s'appelait Melita.
Et les Barbares nous témoignèrent non commune humanité ;
car ayant allumé grand feu,
il nous recueillirent tous,
à cause de la pluie qu'il faisait,
et à cause du froid.

Or Paul, ayant ramassé quelques branches sèches
et les ayant mises sur le feu,
une vipère, que la chaleur en fit sortir,
s'attacha à sa main.
Et quand les Barbares virent pendue la bête à sa main,
entre eux ils dirent :
« Sûrement, est assassin cet homme-là,
que, sauvé de la mort, la Destinée ne laisse pas vivre. »

Lui donc, ayant secoué la bête dans le feu, n'en ressentit aucun mal ;
mais ils s'attendaient à ce qu'il gonflât ou tombât subitement mort ;
ayant attendu longtemps
et voyant qu'il ne lui venait aucune incommodité,
changeant d'avis, ils disaient que c'était un dieu [1].

Or, aux environs de cet endroit,
une campagne appartenait au premier de l'île, nommé Publius,
qui, nous ayant reçus, trois jours aimablement nous hébergea.
Et se trouva que le père de Publius,
pris de fièvre et de dysenterie, était alité :
Paul, l'étant allé voir et ayant prié,
en lui imposant les mains le guérit.

Et cela étant arrivé,
les autres aussi qui, dans l'île, avaient maladies,
venaient et ils étaient guéris ;
beaucoup d'honneurs ils nous firent,
et, à notre départ, ils pourvurent à nos besoins [2].

---

1. Le miracle et sa conclusion rappellent d'assez près l'aventure de Lystres, et l'accueil fait aux naufragés dans la propriété du chef de l'île paraît devoir se rattacher immédiatement à ce qui a été dit d'abord de la conduite des habitants.
2. La notice relative aux cures merveilleuses que Paul aurait opérées sur le père de Publius et sur tous les malades de Malte n'est pas au-dessus de tout soupçon. Les miracles pourraient être là pour remplir les trois mois de séjour à Malte.

À ROME — DES JUIFS AUX GENTILS

Et au bout de trois mois,
nous embarquâmes sur un vaisseau qui avait hiverné dans l'île,
alexandrin, à l'enseigne des Dioscures.
Et ayant abordé à Syracuse, nous y restâmes trois jours ;
de là, en côtoyant, nous arrivâmes à Rhegium.
Et un jour après, un vent du sud s'étant élevé,
nous parvînmes, le second jour, à Pouzzoles :
ayant trouvé là des frères,
nous fûmes invités à demeurer chez eux sept jours.
Et ainsi à Rome nous vînmes.

Et de là les frères, informés de ce qui nous regardait,
vinrent à notre rencontre
jusqu'au Forum d'Appius et aux Trois Tavernes :
en les voyant, Paul,
grâces rendues à Dieu, prit confiance [1]
Et lorsque nous fûmes entrés à Rome,
il fut permis à Paul de rester chez lui
avec le soldat qui le gardait [2].
Mais advint qu'après trois jours
il convoqua ceux qui étaient les premiers des Juifs ;

et quand ils furent réunis, il leur dit :

« Quant à moi, hommes frères,
sans avoir rien fait contre la nation ou les coutumes des pères,
prisonnier à Jérusalem, je fus livré aux mains des Romains,
qui, après examen, voulaient me relâcher,
parce que nul motif de (condamnation à) mort n'existait en moi.

Mais, les Juifs s'opposant,
j'ai été contraint d'en appeler à César,
sans me rendre aucunement accusateur de ma nation :
c'est pour cette raison que j'ai demandé à vous voir et vous entretenir ;
car à cause de l'espérance d'Israël je porte cette chaîne [3]. »
Et ils lui dirent :

« Quant à nous, ni lettre à ton sujet nous n'avons reçu de Judée,
ni n'est venu aucun des frères rapporter ou dire de toi quelque mal.
Mais nous voudrions bien apprendre de toi ce que tu penses ;
car de cette secte il nous est connu que partout on y contredit [4]. »

Et lui ayant fixé jour,
ils vinrent le trouver en plus grand nombre :
il leur fit exposé, témoignant du règne de Dieu
et les convainquant touchant Jésus,
et par la Loi de Moïse et par les prophètes,
depuis le matin jusqu'au soir.

Et les uns se rendaient à ce qui était dit,
mais les autres ne croyaient point ;
et étant en désaccord entre eux, ils se retiraient [5],
Paul ne disant qu'un mot :
« C'est à propos que l'Esprit saint a parlé,
par Isaïe le prophète, à vos pères, disant :

« VA VERS CE PEUPLE ET DIS :
D'OUÏE VOUS ENTENDREZ, ET NE COMPRENDREZ PAS ;

ET REGARDANT VOUS REGARDEREZ, ET NE VERREZ PAS.
CAR S'EST ÉPAISSI LE CŒUR DE CE PEUPLE,
LES OREILLES ILS ONT EU DURES,
ET LEURS YEUX ILS ONT FERMÉS,
AFIN DE NE PAS VOIR DES YEUX,
DE NE PAS ENTENDRE DES OREILLES,
DE NE PAS COMPRENDRE DU CŒUR NI SE CONVERTIR
POUR QUE JE LES GUERISSE [6]. »

Connu donc soit à vous
qu'aux Gentils est envoyé ce salut de Dieu :
et eux, ils entendront [7]. »

*Or il demeura deux années entières en son locatis,
et il recevait tous ceux qui venaient à lui,*
prêchant le règne de Dieu
et enseignant ce qui regarde le Seigneur Jésus-Christ,
en toute assurance, sans empêchement [8].

---

1. Venant après l'indication : « Et ainsi nous vînmes à Rome », la démarche de la communauté romaine se dénonce comme une addition rédactionnelle. Le Forum d'Appius était à une journée de Rome, sur la voie Appienne ; il n'était ni facile ni opportun qu'on allât y faire à Paul prisonnier une réception triomphale. Autant que nous sommes informés, les fidèles de Rome ne se sont point ralliés autour de Paul captif ; c'est pour cela qu'on nous les montre si empressés à venir au devant de lui. L'arrêt chez les frères de Pouzzoles, qui coupe la relation du voyage, servirait à préparer la manifestation de la communauté romaine.
2. Le dernier « nous » authentique est dans la notice concernant la permission octroyée à Paul d'avoir un logement à lui, où il restait avec le soldat chargé de le garder ; à cette indication se rattachait dans la source celle des deux ans que dura ce régime.
3. On ne voit pas bien par quelle autorité ni par quels moyens Paul, à peine arrivé à Rome, aurait pu convoquer les principaux personnages de la communauté juive, et l'on ne saisit pas mieux les motifs de leur empressement à le satisfaire. Le discours attribué à Paul voudrait montrer que l'appel à César ne doit pas être compris comme un désaveu du judaïsme. Les faits antérieurs sont très librement interposés, puisque, dans la réalité, ce sont les soldats romains qui ont arrêté Paul et que les procurateurs n'ont jamais affiché l'intention de le relâcher. L'assertion finale est la thèse même du rédacteur.
4. Le plus incroyable n'est pas que ces Juifs, qui ont l'air de connaître Paul, n'aient reçu de Judée aucune communication à son sujet, mais qu'ils ne connaissent pas mieux le christianisme, quand une communauté chrétienne s'est constituée à Rome auprès d'eux, et l'on pourrait dire à leurs dépens.

5. Scène plutôt vague, et conclusion qui se perd dans le symbole. La division qui se produit entre les Juifs rappelle celle qui s'est produite entre sadducéens et pharisiens dans la séance du sanhédrin.

Le rédacteur n'entend pas signifier qu'il y ait eu des conversions ; mais il a voulu, assez témérairement, montrer les Juifs partagés sur la valeur de la thèse chrétienne, sans que les plus favorables y adhèrent plus que ses adversaires les plus décidés. Sur cette troupe qui s'en va en se disputant, Paul lance, — pour l'édification de la postérité, — le jugement porté par l'Éternel contre son peuple endurci.

6. *Isaïe*, VI, 9-10. Il va de soi que ce texte d'Isaïe concernait seulement les contemporains du prophète,

7. L'artifice de la présente mise en scène apparaît en ce que Paul lui-même a l'air de constater pour la première fois l'endurcissement des Juifs ; mais il importait de redire, en terminant, comment l'évangélisation des Gentils avait résulté de l'incrédulité juive.

La perspective s'ouvre par là d'une libre évangélisation du monde païen, et les dernières lignes y sont conformes, tout en ayant l'air de maintenir le cadre historique à la faveur duquel le rédacteur a produit sa démonstration.

8. La double scène des entretiens de Paul avec les Juifs de Rome, fictive et rédactionnelle s'il en fut, constitue, avec la glose finale, la conclusion du livre tel que l'a conçu le dernier auteur, dont elle résume symboliquement la thèse apologétique : le christianisme est le vrai judaïsme, représenté par des Gentils parce qu'il a été repoussé par les Juifs aveugles, et il aurait droit à une liberté qui n'avait pas même été refusée à Paul captif.

Du même auteur : *Le Livre de Job traduit de l'hébreu avec une introduction.*

L'Évangile et l'Église

Copyright © 2023 Alicia Éditions
Crédits images et couvertures : Alicia ÉDITIONS,
www.canva.com

www.ingramcontent.com/pod-product-compliance
Lightning Source LLC
LaVergne TN
LVHW092011090526
838202LV00002B/94